GUÍA DE BIOGRAFÍAS BÍBLICAS

Títulos de Jim George

Conoce tu Biblia desde la A hasta la Z

Extraordinarias oraciones de la Biblia

Guía bíblica básica

Guía bíblica esencial

Guía de biografías bíblicas

Guía de un joven para descubrir su Biblia

Guía de un joven para las buenas decisiones

La influencia de un hombre de Dios

Las 50 enseñanzas más importantes de la Biblia

Tienes un amigo en Jesús – para chicos

Un esposo conforme al corazón de Dios

Un hombre conforme al corazón de Dios

Un joven conforme al corazón de Dios

Un líder conforme al corazón de Dios

Un papá conforme al corazón de Dios

Títulos de Jim y Elizabeth George

Promesas poderosas para toda pareja

Una pareja conforme al corazón de Dios

GUÍA DE BIOGRAFÍAS BÍBLICAS

Conozca a los hombres y las mujeres de la Biblia en 10 minutos

JIM GEORGE

EDITORIAL PORTAVOZ

La misión de *Editorial Portavoz* consiste en proporcionar productos de calidad —con integridad y excelencia—, desde una perspectiva bíblica y confiable, que animen a las personas a conocer y servir a Jesucristo.

Debido al tratamiento breve de cada libro de la Biblia en este manual, no se habla de fechas, temas y autores polémicos. Para este tipo de información consulte, por favor, otras obras de referencia más amplias que están pensadas para tratar en profundidad diversas opiniones y detalles.

Título del original: *The Bare Bones Bible*™ *Bios* © 2008 por Jim George y publicado por Harvest House Publishers, Eugene, Oregon 97402. Traducido con permiso.

Edición en castellano: *Guía de biografías bíblicas* © 2010 por Jim George y publicado por Editorial Portavoz, filial de Kregel, Inc., Grand Rapids, Michigan 49505. Todos los derechos reservados.

Traducción: Beatriz Fernández

EDITORIAL PORTAVOZ
2450 Oak Industrial Dr. NE
Grand Rapids, Michigan 49505 USA

Visítenos en: www.portavoz.com

ISBN 978-0-8254-5754-8

18 19 20 21 22 23 24 / 5 4 3 2

Impreso en los Estados Unidos de América
Printed in the United States of America

Contenido

¡Bienvenido a esta guía sobre los hombres y las mujeres de la Biblia!

☓

Mi deseo es que la *Guía de biografías bíblicas* se convierta en su recurso favorito para conocer a los personajes principales de la Biblia o para recordarle los hombres y las mujeres a quienes Dios utilizó a través de los siglos para llevar a cabo su plan soberano. Las biografías de este libro están dispuestas según el orden de aparición en la Biblia, con una única excepción: Jesucristo, que se presenta último, porque Él es el personaje central y la consumación del plan de Dios para la salvación. Es mi deseo que estos esbozos biográficos lo estimulen a leer y estudiar las vidas de las personas que fueron clave en la obra de Dios dentro de la historia.

El objetivo de las biografías seleccionadas es ofrecer una breve visión general de la vida de los personajes principales de la Biblia. Debido a este tratamiento intencionadamente breve de los personajes, no se mencionan fechas ni sucesos que son causa de debate. Para un estudio más profundo de estos personajes bíblicos, consulte obras más amplias sobre sus vidas.

Adán

El primer hombre

Tomó, pues, Jehová Dios al hombre, y lo puso en el huerto de Edén, para que lo labrara y lo guardase.

GÉNESIS 2:15

☖

Característica más notable: Inocencia
Hecho más destacado: Ser el primer ser humano
Época: 930 años desde el comienzo de la historia (vivió 930 años)
Nombre: *Adán*, que significa "humanidad"
Texto principal: Génesis 2:1—5:5

Contexto

"En el principio creó Dios los cielos y la tierra" (Gn. 1:1). La Biblia comienza con estas famosas palabras, que señalan el principio de toda la creación y de Adán, nuestra cabeza, el comienzo de la humanidad. En él reside todo el futuro de los seres humanos. Por él poseemos la característica especial de ser creados a imagen de Dios. De él aprendemos lo que podría haber sido la existencia sin pecado. Y en él nos enfrentamos cara a cara con los efectos del pecado.

Breve resumen

Adán, el primer humano y el primero en experimentar la perfección de Dios, nos ofrece la posibilidad de echar un vistazo rápido a lo que el Señor pretendía en un principio para la humanidad: una relación perfecta con Él en un lugar de salud y paz perfecta. Desdichadamente, Adán y su esposa, Eva, tomaron una decisión que llevó a la raza humana hacia el pecado, la miseria y la muerte.

Pero Dios no los dejó a ellos ni a toda la humanidad sin esperanza. Él prometió que un descendiente de la mujer algún día vencería al mal y, en especial, al malvado, representado por una serpiente en el huerto de Edén. Hablando de Satanás, que había utilizado a la serpiente, Dios explica que vendrá alguien (Jesucristo) que le herirá la cabeza, lo cual significa que al final el diablo recibirá un golpe fatal (3:15).

Visión general

> **Adán es creado a imagen y semejanza de Dios:** *Génesis 1:26-27*

"...Hagamos al hombre a nuestra imagen, conforme a nuestra semejanza...", son las palabras de Dios ante lo que sería el acto principal de su creación. Adán sería creado para disfrutar de una relación especial, única y personal con su Creador. Esta relación diferenciaría claramente a Adán del resto de las criaturas. En su vida racional, Adán sería como Dios en el sentido de poseer razón, voluntad, inteligencia y emociones. En un sentido moral, Adán se parecería a Dios en su bondad y en su carencia de pecado: un hombre perfecto. Sin embargo, como ser creado, Adán sería susceptible de sufrir tentaciones.

> **A Adán se le concede señorío:** *Génesis 1:27-28*

Con su creación, Adán recibe una responsabilidad y una labor: debe "sojuzgar" la tierra y "señorear" sobre todos los seres vivos. Para Adán, la tierra es un laboratorio perfecto de liderazgo. Tiene una mente perfecta para tomar decisiones correctas, un lugar perfecto para labrarlo y guardarlo (2:15), y lo mejor de todo, un "jefe" perfecto que le da espacio suficiente para ejercer su liderazgo.

> **Adán recibe ayuda:** *Génesis 2:21-24*

Adán está incompleto sin alguien que lo complemente. Por lo tanto, Dios con generosidad le da compañía: una mujer, Eva, que es como él porque procede de su propia carne, de una de sus costillas. Ambos se complementan. Los dos juntos son mejores que cada uno por separado. Son el "equipo perfecto".

> **Adán es susceptible a caer en la tentación:** *Génesis 3:1-7*

Adán es creado libre de pecado, pero ese carecer de pecado todavía debe ser probado. Eva, la compañera de Adán, es la primera en ser tentada por Satanás, que le habla en forma de serpiente. Eva resulta engañada por la serpiente y desobedece a Dios comiendo del fruto que les había prohibido expresamente. Después Eva le pide a Adán que se una a ella y coma también del fruto prohibido. Adán no se resiste al ofrecimiento de Eva; come siendo plenamente consciente de que está actuando mal (1 Ti. 2:14). El pecado de la pareja es mucho más que solo comer esa fruta: desobedecen la palabra revelada de Dios. Adán y Eva creen las mentiras de Satanás y ponen su propia voluntad por encima de la de Dios.

Retrato

Dios le dejó muy claro a Adán: "...De todo árbol del huerto podrás comer; mas del árbol de la ciencia del bien y del mal no comerás..." (Gn. 2:16-17). Cuando, a pesar de ello, Adán y Eva decidieron comer del fruto prohibido, el pecado entró en la raza humana con todas sus terribles consecuencias (Ro. 5:12), como...

- vergüenza (Gn. 3:7);
- separación de la comunión íntima con Dios y la inmediata muerte espiritual (v. 8);
- conflicto en su relación matrimonial cuando su unión degeneró en culpa (v. 10);
- conflicto en la relación de Adán con Dios cuando este decidió echarle la culpa a Dios: "...La mujer que me diste por compañera me dio del árbol, y yo comí" (v. 12);
- sufrimiento, trabajo, dolor y la inevitable muerte física (vv. 16-19).

Enseñanzas de Adán para la vida

Dios le comunicó a Adán su voluntad de forma directa y clara, y hoy día Dios nos habla a través de su Palabra, la Biblia, de la misma forma. Decida escuchar cuando:

- *Dios comunique su voluntad.* El Señor personalmente y con claridad le impuso una limitación a Adán: no comer del fruto de un árbol en concreto. También le dijo exactamente lo que sucedería si comía de ese fruto. Sin embargo, Adán decidió desobedecer a Dios y hacer las cosas a su manera. Hoy día usted se puede evitar muchas tristezas, penas y dolores observando directamente a Dios y haciendo las cosas como Él enseña.

- *Dios se comunique a través de su Palabra, la Biblia.* Es obvio que Dios se comunicaba con Adán de forma diferente a como se comunica con su pueblo en la actualidad. Hoy Dios revela su voluntad en la Biblia. En ella se puede descubrir todo lo que es necesario saber para vivir y ser rectos (2 P. 1:3).
- *Dios comunique el camino para la salvación.* El pecado y la muerte comenzaron en el huerto de Edén. No obstante, en el mismo huerto, Dios ofreció esperanza de que el poder del pecado sería vencido. El poder del pecado terminó en otro huerto, el de Getsemaní, siglos después, cuando Cristo, el que había sido anunciado, el "último Adán" (1 Co. 15:45), murió en una cruz por los pecadores y los liberó de las ataduras de la muerte espiritual. "...¡hoy es el día de la salvación!" (2 Co. 6:2, NVI). Si todavía no ha puesto su confianza en Cristo, hágalo hoy.

La caída

"La caída" habla del momento en que Adán y Eva desobedecieron por primera vez a Dios. Ambos cayeron desde una posición de rectitud frente a Dios. Su caída trajo el pecado a la vida de todos (Ro. 5:12). El pecado es inherente, parte de nuestra naturaleza, y reside en nosotros. En consecuencia, todo ser humano ha heredado los efectos del pecado de Adán (Ro. 3:23).

La gracia de Dios...
(Gn. 3:9-24)

...buscó a Adán,
...prometió un Salvador,
...vistió a Adán,
...expulsó a Adán del huerto,
...cubrió las necesidades físicas de Adán.

Eva

La primera mujer

...No es bueno que el hombre esté solo;
le haré ayuda idónea para él.

GÉNESIS 2:18

&

Característica más notable: Inocencia
Hecho más destacado: Primera mujer, esposa y madre
Época: Desde el comienzo de la historia
Nombre: "...mujer porque del hombre fue sacada" (Gn. 2:23, NVI); fue llamada *Eva* tras la caída porque "...ella era madre de todos los vivientes" (3:20).
Texto principal: Génesis 2:1—5:5

Contexto

Luego de ser creado, Adán disfrutaba de la bendición de estar en comunión con Dios, la bendición de la belleza pura en un mundo perfecto, la bendición de cumplir con su trabajo con placer y la bendición de la provisión divina. No obstante, Dios declara: "...No es bueno que el hombre esté solo; le haré ayuda idónea para él" (Gn. 2:18). Allí Eva entra en escena.

Breve resumen

A diferencia de Adán, que fue creado del polvo de la tierra, Eva es creada a partir de una costilla de Adán. Los primeros esposos, Eva y Adán disfrutan de un perfecto y feliz matrimonio hasta que ella sucumbe a la tentación, come de la fruta prohibida y después le ofrece

13

a Adán, quien también come. El pecado y la tristeza entran en este mundo perfecto y en este perfecto matrimonio, y Dios los expulsa de su casa perfecta en el huerto de Edén. Los nacimientos de sus primeros hijos, Caín y Abel, traen más tristeza, la cual culmina con la muerte de Abel a manos de su hermano Caín. Luego, nace el piadoso Set.

Visión general

▶ **Eva es la primera mujer:** *Génesis 2:21-22*

Formada por Dios de una costilla de Adán, Eva llega a la tierra como una mujer completa, madura y perfecta.

▶ **Eva es la primera esposa:** *Génesis 2:18-24*

Dios observa que no es bueno que el hombre esté solo. Por lo tanto, crea para él una ayudante, una compañera y una igual; alguien que es comparable con él, es un humano, pero se diferencia en que es una mujer. Cuando Adán ve por primera vez a Eva, dice: "...Ésta sí es hueso de mis huesos y carne de mi carne. Se llamará "mujer" porque del hombre fue sacada" (v. 23, NVI). Respecto a la unión de un hombre y una mujer, Dios dice: "Por tanto, dejará el hombre a su padre y a su madre, y se unirá a su mujer, y serán una sola carne" (v. 24).

▶ **Eva es la primera en ser tentada por Satanás:** *Génesis 3:1-6*

Aparece la serpiente. Satanás utiliza una serpiente en el huerto de Edén para aproximarse a Eva y tentarla cuestionando a Dios y tergiversando lo que Él le había dicho a Adán. Inocente y sin sospechar nada, Eva no puede competir con el demonio. Al final sucumbe y come del fruto que Dios ha prohibido. Para empeorar las cosas, ella ofrece el mismo fruto a su esposo, quien come también. Como resultado de su pecado, Adán y Eva son expulsados del huerto de Edén, y la relación con Dios y entre ellos se altera, lo cual afecta a la tierra y a toda la humanidad.

▶ **Eva es la primera madre:** *Génesis 4:1-2*

Dios le dice a la serpiente, el demonio, que la "simiente" de Eva herirá la serpiente en la cabeza (3:15). Esta es la primera mención y promesa de un Redentor, Emmanuel-Cristo. Un día Cristo vendrá y proporcionará una gloriosa victoria sobre el pecado y Satanás.

Cuando Eva concibe y da a luz a su primer hijo, Caín, puede que haya pensado que era el Mesías prometido de Dios. Este no es el caso, ya que Caín es un hombre malvado que mata a su hermano Abel, un hombre recto que complace a Dios. Debido a su crimen, Dios rechaza a Caín, multiplicando la pérdida de Eva y convirtiéndola en la primera mujer que pierde un hijo. Pero con el tiempo, Adán y Eva tienen otro hijo, Set. A través de él, Dios perfeccionará sus promesas.

Retrato

Ninguna mujer ha tenido jamás el privilegio de caminar y hablar con Dios en un ambiente perfecto como tuvo Eva. Ella tuvo más de lo que cualquier mujer ha tenido desde entonces: un matrimonio perfecto, un lugar donde vivir perfecto y libre de problemas, y todo lo que necesitaba. Y aún así todavía quería más. Quiso comer del único árbol que Dios había declarado fuera de sus límites. Quería más conocimiento, más poder, más sabiduría, ser como Dios. Por lo tanto, "...vio la mujer que el árbol era bueno para comer, y que era agradable a los ojos, y árbol codiciable para alcanzar la sabiduría; y tomó de su fruto, y comió; y dio también a su marido, el cual comió así como ella" (3:6). Eva vio, deseó, tomó, comió y dio.

A través de la mujer, el pecado y la muerte entraron en el mundo (1 Ti. 2:13-14). Pero a través de la simiente de la mujer, también llegó la redención del pecado: el Mesías, el Redentor, el Salvador Jesucristo.

Eva probó la amargura del pecado personal y sus consecuencias, pero también participó de la bondad, la provisión y la protección de Dios, ya que Él vistió a su esposo y a ella, les enseñó a hacerse vestidos (3:21), los echó fuera del huerto de Edén y puso un querubín y una espada encendida en la puerta para que ellos no pudieran comer del árbol de la vida (3:24).

Enseñanzas de Eva para la vida

¡Tenga cuidado! El pecado siempre está a la vuelta de la esquina. La tentación forma parte de nuestra vida diaria. "Sed sobrios, y velad; porque vuestro adversario el diablo, como león rugiente, anda

alrededor buscando a quien devorar; al cual resistid firmes en la fe…" (1 P. 5:8-9).

¡Regocíjese! El matrimonio fue diseñado por Dios y está pensado para complementar a ambas partes. Como Eva, una esposa tiene que ayudar a su esposo y vivir juntos según la voluntad de Dios.

Crea. No hay que dudar nunca de la Palabra de Dios, de su carácter o de su amor. Satanás buscó difamar al Señor y tergiversar su Palabra, pero Él siempre había cuidado de Adán y Eva, y siempre lo haría. Como David, usted puede saber y declarar: "Jehová es mi pastor, nada me faltará" (Sal. 23:1).

Confíe. A pesar de las penas del pecado, podemos contar con la fidelidad y el perdón de Dios. Confíe en sus promesas y tenga fe en su bondad.

Sentencias de Dios en el huerto
(Gn. 3:14-19)

A la serpiente: "…Por cuanto esto hiciste, maldita serás entre todas las bestias y entre todos los animales del campo; sobre tu pecho andarás, y polvo comerás todos los días de tu vida. Y pondré enemistad entre ti y la mujer, y entre tu simiente y la simiente suya; ésta te herirá en la cabeza, y tú le herirás en el calcañar" (3:14-15).

A la mujer: "…Multiplicaré en gran manera los dolores en tus preñeces; con dolor darás a luz los hijos; y tu deseo será para tu marido, y él se enseñoreará de ti" (3:16).

A Adán: "…Por cuanto obedeciste a la voz de tu mujer, y comiste del árbol de que te mandé diciendo: No comerás de él; maldita será la tierra por tu causa; con dolor comerás de ella todos los días de tu vida. Espinos y cardos te producirá, y comerás plantas del campo. Con el sudor de tu rostro comerás el pan hasta que vuelvas a la tierra, porque de ella fuiste tomado; pues polvo eres, y al polvo volverás" (3:17-19).

Caín

El primer asesino

Conoció Adán a su mujer Eva, la cual concibió y
dio a luz a Caín, y dijo: Por voluntad de Jehová
he adquirido varón.

GÉNESIS 4:1

☖

Característica más notable: Representación del mal
Hecho más destacado: Primer asesino
Época: Al comienzo de la historia
Nombre: *Caín*, que significa "adquirir" o "conseguir"
Texto principal: Génesis 4:1-17

Contexto

Dos hermanos, Caín y Abel, abren la "segunda generación" del primer mundo. Adán y Eva habían sido expulsados del huerto de Edén por un acto de misericordia de Dios (Gn. 3:22-24). Más allá de los límites de lo que había sido su perfecto hogar, Adán y Eva tratan de obedecer el mandato de Dios de fructificar y multiplicarse (1:28). Esto parece quedar implícito en el comentario de Eva cuando dio a luz a Caín, el primer niño nacido: "...Por voluntad de Jehová he adquirido varón" (4:1). Algún tiempo después, se añade Abel a esta primera familia.

Breve resumen

Con Caín, puede que Eva creyera que Dios le había concedido el Salvador prometido al que hace referencia Génesis 3:15. (¡Cuán duro será aprender que esto no es así!). Pero antes de que Eva tuviera tiempo para reflexionar sobre el nacimiento de su primer hijo, Caín, tuvo el segundo, Abel.

Visión general

▶ La ocupación y ofrenda de Caín: *Génesis 4:2-4*

Caín es un labrador de la tierra, un agricultor. Cuando él y su hermano hacen ofrendas especiales a Jehová para expresar su gratitud hacia Él y alabarlo (por primera vez se relata un acto de alabanza), Caín ofrece el fruto de sus cosechas. Sin embargo, su hermano, un pastor, le ofrece el primogénito de sus ovejas.

▶ La respuesta de Dios a la ofrenda de Caín: *Génesis 4:3-5*

Tras presentar ambos hermanos sus ofrendas individuales, Dios aprueba la de Abel, pero no mira con agrado a Caín y su ofrenda (v. 5). Hebreos 11:4 indica que a Caín le faltaba fe, y que Dios vio lo que había y lo que no había en su corazón.

▶ Respuesta de Caín: *Génesis 4:5*

Después de ver que su ofrenda era rechazada por Dios, Caín tiene que elegir dar una respuesta. Se puede arrepentir por su pecado y su falta de fe, reverenciar a Dios y acercarse a Él en una actitud más correcta, o puede mostrarse hostil hacia Dios. Desdichadamente, Caín elige esta segunda opción y añade así más pecado a su creciente lista de ofensas: celos e ira desenfrenada hacia su virtuoso hermano.

▶ La solución de Dios: *Génesis 4:6-7*

Con gentileza y paciencia, Dios intenta tratar con el rebelde Caín. Le recuerda a este hombre equivocado lo que debe hacer: "Si bien hicieres, ¿no serás enaltecido?". Y también le advierte: "...el pecado está a la puerta; con todo esto, a ti será su deseo...". Con cuidado le dice que se arrepienta rápidamente antes de que el pecado, como una bestia agazapada, se abalance sobre él y lo consuma. El Señor explica que el pecado se puede resistir, cuando le dice a Caín: "...tú te enseñorearás de él".

▶ **La solución de Caín:** *Génesis 4:8*

Caín está en una encrucijada. La decisión que tome a continuación puede ponerlo en el camino del perdón, la reconciliación, el gozo y la utilidad a Dios, o en el de la derrota y la separación. Caín rechaza la sabiduría que Jehová le da para hacer lo correcto. Rechaza arrepentirse y, tal como Dios le había advertido, el pecado de los celos que está a la puerta de Caín se levanta, y como un león, lo consume y lo convierte en el primer asesino del mundo: "...Caín se levantó contra su hermano Abel, y lo mató".

▶ **La maldición de Caín:** *Génesis 4:9-17*

Dios maldice a Caín y lo expulsa a un desierto que no le dará cosechas ni le proporcionará alimento. Mientras viva, Caín vagará de una tierra a otra en busca de sustento. Será alejado del círculo de cuidados del Señor. No obstante, Dios, en un acto final de misericordia, "...puso señal en Caín, para que no lo matase cualquiera que le hallara" (v. 15).

Retrato

La relación de Caín con Dios y con su hermano merece ser destacada porque demuestra lo antiguo y actual que es el problema entre lo correcto y lo incorrecto, entre el bien y el mal. Hay dos formas de vivir: a la manera de Dios, o a la manera del hombre. Y hay dos destinos según la elección de estilo de vida que haga una persona: aceptación o rechazo por parte de Dios.

Es obvio que Caín es un ejemplo del mal. Es nombrado en el Nuevo Testamento como representante de los que no poseen el nacimiento nuevo en Cristo y son hijos del diablo. Aman el mal y son hijos del maligno (1 Jn. 3:12). No practican la rectitud y no se aman unos a otros. Caín no amaba a Dios ni a su hermano.

Enseñanzas de Caín para la vida

Las malvadas acciones de Caín gritan a través de las edades una lista de advertencias e instrucciones:

- Para adorar a Dios, es obligatorio mantener una actitud correcta.

- La oportunidad de hacer lo correcto está a su disposición en todo momento.
- El pecado siempre está acechando en su puerta, pero usted puede dominarlo.
- La ira incontrolada conduce al pecado.
- La ira acompañada de malas acciones nunca cumple el plan recto de Dios.
- Las elecciones equivocadas siempre traen consecuencias.

Lo que tenga en su corazón acabará mostrándose a través de sus acciones. Jesús dijo: "El hombre bueno, del buen tesoro del corazón saca buenas cosas; y el hombre malo, del mal tesoro saca malas cosas" (Mt. 12:35). Pídale a Dios que le examine el corazón a menudo y descubra cualquier tipo de pecado o debilidad que pueda haber en él (Sal. 139:23).

El camino de Romanos
El camino que lleva a Cristo

"...todos pecaron, y están destituidos de la gloria de Dios" (Ro. 3:23).

"La paga del pecado es muerte, mas la dádiva de Dios es vida eterna en Cristo Jesús Señor nuestro" (Ro. 6:23).

"...Dios muestra su amor para con nosotros, en que siendo aún pecadores, Cristo murió por nosotros" (Ro. 5:8).

"...si confesares con tu boca que Jesús es el Señor, y creyeres en tu corazón que Dios le levantó de los muertos, serás salvo. Porque con el corazón se cree para justicia, pero con la boca se confiesa para salvación" (Ro. 10:9-10).

Abel

El primer mártir

Conoció Adán a su mujer Eva, la cual concibió y dio a luz a Caín... Después dio a luz a su hermano Abel...
GÉNESIS 4:1-2

ᳵ

Característica más notable: Representación del bien
Hecho más destacado: Un corazón para Dios
Época: Al comienzo de la historia
Nombre: *Abel*, que significa "aliento, un breve soplo, un vapor"
Texto principal: Génesis 4:1-17

Contexto

Abel es uno de los dos primeros hijos de Adán y Eva. Su hermano mayor es Caín, un representante del mal. La Biblia no da un intervalo de tiempo entre el nacimiento de Caín en Génesis 4:1 y el de Abel en el versículo 2. Todo lo que sabemos es que hay dos hermanos con dos ocupaciones distintas, dos corazones diferentes y dos disposiciones diametralmente opuestas. No es de extrañar que sus vidas resultaran ser tan diferentes.

Breve resumen

¿Puede imaginarse lo que es intentar educar a un hijo malvado y el dolor que un hijo así puede llegar a producir? El primer hijo de Adán y Eva, Caín, no solo es malvado, también es tan vil que llega a representar a todos los hijos del diablo, porque todos los que aman el mal son hijos del maligno (1 Jn. 3:12). Sin embargo, después nació otro hijo, otro que sería conocido como Abel, "el justo" (He. 11:4). El gozo entra por fin en la vida de Adán y Eva. Hasta que llega un dolor mayor: Caín mata a Abel. ¿Qué ocurrió?

Visión general

▶ **La ocupación de Abel y su ofrenda:** *Génesis 4:2-4*

Abel es pastor. Es el que da origen a la vida de pastor, mientras que Caín sigue los pasos de su padre y se hace agricultor. Nada en las Escrituras sugiere que ser pastor sea más respetable que ser trabajador de la tierra. De hecho, la mayoría de los personajes de la Biblia subsistió combinando ambas tareas.

La diferencia entre los dos hermanos se hace evidente a la hora de presentar las ofrendas al Señor. La ofrenda de Caín es producto "...del fruto de la tierra...". Pero la ofrenda de Abel era "...de los primogénitos de sus ovejas, de lo más gordo de ellas...", lo mejor que podía traer.

▶ **La respuesta de Dios al ofrecimiento de Abel:** *Génesis 4:4-5*

"...La gente se fija en las apariencias, pero yo me fijo en el corazón" (1 S. 16:7, NVI). Cuando Dios mira en el corazón de estos dos hermanos, mira "...con agrado a Abel y a su ofrenda pero no [mira] con agrado a Caín y a la ofrenda suya...". El escritor de Hebreos explica: "Por la fe Abel ofreció a Dios más excelente sacrificio que Caín, por lo cual alcanzó testimonio de que era justo, dando Dios testimonio de sus ofrendas; y muerto, aún habla por ella" (11:4). Abel, con su ofrenda, se presenta ante Dios con la actitud de adoración correcta.

▶ **La muerte de Abel:** *Génesis 4:5-8*

Abel se convierte en el primer mártir del mundo, y Caín, en el primer asesino. Caín está furioso por el rechazo de Dios hacia él y hacia su ofrenda. También está muy enojado por la aprobación y aceptación de Abel y su ofrenda. ¿El resultado? Caín rebosante de ira "...se levantó contra su hermano Abel, y lo mató".

Retrato

El bien y el mal. Lo correcto y lo incorrecto. En Abel y su hermano, presenciamos la batalla entre estas dos cualidades opuestas. La rectitud cuesta, y le costó la vida a Abel. No obstante, él fue el abanderado del bien. Fue una de las pocas personas de la Biblia de la que no se dice nada negativo. De hecho, Jesús nombró a Abel como representante de los que, a través de la historia, han muerto por tener un comportamiento justo (Mt. 23:35).

Enseñanzas de Abel para la vida

Dios le dijo a Caín: "...La voz de la sangre de tu hermano clama a mí desde la tierra" (Gn. 4:10). El escritor de Hebreos señaló que "...Abel, a pesar de estar muerto, habla todavía" (He. 11:4 NVI). Abel fue considerado justo por Dios, por lo tanto sus mensajes nos hablan hoy día. Escuche bien lo que dicen:

- Dé siempre lo mejor de sí mismo a Dios.
- Dese cuenta de que el inocente sufrirá injustamente.
- Que su corazón complazca a Dios, sin importar cuál sea el precio.
- Comprenda que el mal forma parte del mundo; esto incluye odios, celos, conflictos y, aún más, el asesinato y la muerte.

Como le sucedió a Caín, lo que haya en su corazón, al final acabará viéndose reflejado en sus actos. En Abel, su corazón justo le hizo reverenciar y obedecer los mandamientos de Dios. Su fe nos proporciona un ejemplo.

El camino a la cruz

Un cordero primogénito...
   ofrecido por un *hombre,* Abel (Gn. 4:4).

Un cordero pascual...
   ofrecido por una *familia,* esclavos israelitas (Éx. 12).

Un cordero en el día de la expiación...
   ofrecido por una *nación,* Israel (Lv. 16).

Un cordero de Dios...
   ofrecido por un *mundo* de pecadores, incluidos usted y yo (Jn. 1:29).

Noé

El hombre que construyó el arca

Pero Noé halló gracia ante los ojos de Jehová.

GÉNESIS 6:8

Característica más notable: Perfecto en su generación
Hecho más destacado: Construyó un arca
Época: Antes, durante y después del diluvio (vivió 950 años)
Nombre: *Noé*, que significa "reconfortar" o "descansar"
Texto principal: Génesis 6—9

Contexto

Cuando empezamos a leer la biografía de Noé, la Biblia nos dice que han pasado nueve generaciones desde que Dios creó a Adán y a Eva. La humanidad se ha vuelto tan malvada que el Señor ha decidido destruir a la raza humana (Gn. 6:13). Pero en medio del pecado, la violencia y la corrupción que se extendían por el mundo, Dios se dio cuenta de que había una excepción: "Noé halló gracia ante los ojos de Jehová" (6:8).

Breve resumen

En la historia de la vida de Noé, nos enfrentamos cara a cara con el carácter moral que Dios buscaba hace miles de años: Noé era un hombre honrado y "justo" (6:9), y obedecía todo lo que Dios le mandaba (6:22).

Visión general

> ► **El mandato de Dios:** *Génesis 6:13-21*

Así como Dios observa la depravación de la humanidad en general, también se da cuenta de la rectitud de un individuo, Noé. Dios decide explicar con gran detalle al piadoso Noé lo que está a punto de hacer y la parte que tendrá él en el cumplimiento de sus deseos y su plan. La contribución de este hombre será un proyecto de gran envergadura: construir un arca de 300 codos de longitud, 50 codos de anchura y 30 codos de altura, y después llenarlo de representantes de todas las especies de vida que hubiera sobre la tierra.

> ► **La obediencia de Noé:** *Génesis 6:22—7:5*

La respuesta de Noé a sus nuevas responsabilidades es inmediata. Sin excusas, sin plantear mejores ideas, sin quejarse, sin hacer preguntas, Noé se pone a trabajar directamente para hacer el primer barco que se construye en el mundo, donde guarda todos los animales y la comida necesaria para alimentarse durante un año. El relato bíblico dice en dos ocasiones distintas —primero cuando Noé recibe las primeras instrucciones de las intenciones de Dios y su parte en ellas, y 120 años más tarde— que Noé hizo conforme a todo lo que Dios le mandó (Gn. 6:22; 7:5).

> ► **La importancia de Noé en las Escrituras:** *Génesis 7:6—8:22*

Noé demuestra fe y obediencia cuando advierte pacientemente a sus amigos y vecinos, mientras construye el enorme barco —un arca— durante 120 años (6:3). En cierto sentido, Noé se convierte en el segundo padre de la raza humana. El Nuevo Testamento lo cita como ilustración de la paciencia y la gracia de Dios: el Señor esperó 120 años antes de traer la destrucción del mundo a través del diluvio. Después de esos años, Dios salva al justo Noé y a su familia —ocho personas en total— y destruye el mundo impío (2 P. 2:5).

El diluvio es universal, cubre toda la Tierra. Todo lo que respira queda destruido, excepto la vida que hay dentro del arca. Las aguas permanecen altas durante un año, después la tierra se seca. Noé de nuevo muestra su reverencia y obediencia a Dios ofreciéndole sacrificios. Al Señor le complacen los sacrificios de Noé y hace un pacto o acuerdo con él y toda la humanidad (Gn. 9:8-17), prometiendo: "...No volveré más a maldecir la tierra por causa del hombre... ni volveré más a destruir todo ser viviente, como he hecho" (8:21).

Retrato

Ante la oscuridad del mal que lo rodeaba, Noé permaneció recto de forma brillante como el único ser piadoso que había sobre la faz de la Tierra. La Biblia nos ofrece esta descripción triple del carácter de Noé (Gn. 6:9):

- Noé, varón justo: vivió siguiendo los criterios de justicia de Dios.

- Era perfecto en su generación: aunque era pecador, la vida de Noé reflejaba la imagen de Dios y relucía en comparación con el vago reflejo de la moralidad divina que se podía apreciar en los malvados hombres que lo rodeaban.

- Dios caminó con Noé: tan solo otro ser humano ha recibido este tipo de encargo. Ese hombre fue Enoc, el bisabuelo del Noé (5:24).

Enseñanzas de Noé para la vida

La relación de Noé con Dios se reflejó en su influencia en el mundo. Noé estaba totalmente entregado al Señor; por lo tanto, estaba cualificado para ser su instrumento de salvación y castigo. A Noé no le importaba lo que los demás pensaran de él antes de que Dios le pidiera que hiciera un arca o durante los 120 años que le llevó construirla. Noé halló gracia a los ojos del Señor (Gn. 6:8) y lo complacía. ¿Qué se puede aprender de la vida y el carácter de Noé?

- *Noé obedeció e hizo lo que Dios le pidió.* Noé realizó un proyecto de gran envergadura: construir un barco, como nunca antes se había hecho, y reunir todos los animales.
- *Noé siguió al pie de la letra las instrucciones de Dios.* El Señor dio a Noé las instrucciones específicas para construir el arca (el tipo de madera para utilizar, las medidas exactas, el número de pisos y de ventanas). También fue muy específico sobre lo que había que meter dentro: "...dos de cada especie meterás en el arca... macho y hembra serán"

(v. 19). Noé hizo todo lo que Dios le pidió y tal como Él se lo pidió.

• *Noé creía y confiaba en Dios.* "Por la fe Noé, cuando fue advertido por Dios acerca de cosas que aún no se veían, con temor preparó el arca en que su casa se salvase; y por esa fe condenó al mundo, y fue hecho heredero de la justicia que viene por la fe" (He. 11:7).

Noé era un reflejo de Dios y de todo lo que Dios necesitaba para obrar a través de él. Lo mismo sucede hoy día: el Señor sigue buscando hombres y mujeres justos y obedientes. Si Dios ve esas cualidades en usted, puede utilizarlo de formas extraordinarias para transformar su familia, su trabajo, su iglesia e incluso su mundo. Haga cualquier cambio que sea necesario para asegurarse de vivir para Él. Por la fe, haga lo que tenga que hacer para seguir a Dios completamente.

¿Qué testimonio dio Dios a la humanidad tras el diluvio?

• Las cosas hechas por Él (Ro. 1:20).
• Su ley en el corazón del hombre (Ro. 2:14-15).
• Una conciencia (Ro. 2:15).
• El conocimiento del sacrificio (Gn. 4:4).
• La predicación de Enoc (Jud. 14-15).
• El Espíritu de Dios (Gn. 6:3).
• La predicación de Noé (2 P. 2:5).

El pacto noéico
(Gn. 9:16)

Fue hecho por Dios.

Fue incondicional.

Fue para toda la humanidad.

Fue para todos los tiempos.

Llegó con una señal: un arco iris.

Abraham

Padre de la nación judía

*Y [Abraham] creyó a Jehová, y le fue
contado por justicia.*
GÉNESIS 15:6

Característica más notable: Fe y oración
Hecho más destacado: Padre de la raza hebrea y de todos los
que tienen fe, a través del tiempo
Época: Hacia el 2100 a.C. (vivió 175 años)
Nombre: *Abram*, que significa "padre exaltado". Más tarde Dios se
lo cambió a *Abraham*, que significa "padre de multitudes"
Texto principal: Génesis 11:26—23:20

Contexto

En este punto de la historia de Dios, se nos presenta a Abram,
que más tarde el Señor lo llamará Abraham. Abraham es uno de los
hombres más importantes del Antiguo Testamento. Primero aparece
en Génesis 11:26 como descendiente de la línea de Sem (un hijo de
Noé), que vive en Ur, una rica y sofisticada ciudad de la antigua región
llamada Mesopotamia.

Breve resumen

Casi 100 veces en la Biblia se hace referencia a Dios como "el Dios
de Abraham", y a Abraham como el "padre" de los hebreos. Todas ellas
se refieren al hombre Abraham con quien Dios hizo las promesas del
pacto. Estas promesas se establecen a pesar del a menudo errático

comportamiento de Abraham. Con cada mención, se nos recuerda la gracia de Dios hacia este hombre.

El puesto de Abraham en la historia no es debido a sus descendientes, ya que tanto los judíos como los árabes lo reclaman como padre. Su honor tampoco procede de sus fracasados intentos de ser un esposo y un padre ideal. Se lo tiene en gran consideración porque Dios lo llamó e hizo un pacto con él, y por su fe madura, que le dio el valor de obedecer al Señor incluso bajo las circunstancias más difíciles.

Visión general

▶ **Primeros pasos de fe:** *Génesis 12—15*

El primer signo de obediencia del patriarca Abraham al llamamiento divino de dejar a los suyos y junto con Sara, su esposa, seguir a Jehová (12:1-9) es recompensado con más bendiciones a medida que Dios va desvelando sus planes para él. Abraham revela que la fe no surge como una confianza completa en el Señor. Sus primeros pasos de fe son indecisos cuando elige ir a Egipto en busca de comida debido a la hambruna (12:10-20). Pero Dios, en su gracia, continúa guiando y haciendo madurar a su vacilante siervo, como vemos en los siguientes sucesos:

- Dios elige a Abraham y a su sobrino Lot (13:1-18).
- Dios permite a Abraham que rescate a Lot de la guerra entre los reyes (14:1-17).
- Dios confirma el pacto con Abraham (15:1-21).
- Dios espera 25 años antes de cumplir su promesa de dar un hijo a Abraham y a Sara.

▶ **Obstáculos para madurar en la fe:** *Génesis 16—24*

En estos capítulos, empezamos a presenciar cómo Abraham madura en la fe. También vemos que la fe en Dios no garantiza una vida libre de problemas. Con las pruebas que pasa Abraham, surgen más oportunidades de ejercitar su fe. Por ejemplo, en momentos como:

- Las maquinaciones de Sara para tener un hijo (16:1-16).
- Confiar en la promesa de Dios de tener un hijo de Sara (17:1-27).

- Interceder ante Dios por las vidas de los hombres justos de Sodoma (18:16-33).
- La llegada largamente esperada del hijo prometido, Isaac (21:1-7).
- Expulsar a Agar e Ismael, el hijo que Abraham tuvo con Agar, la sirvienta de Sara (21:8-21).
- El difícil mandato de Dios a Abraham de ofrecer a su hijo Isaac en sacrificio (22:1-19).
- Enfrentarse a la muerte de Sara (23:1-20).

Retrato

La fe redentora es un suceso instantáneo. En un momento dado, nosotros nos convertimos en una "nueva creación" en Cristo (2 Co. 5:17). Nacemos de nuevo. Y así como tras el nacimiento físico se produce el crecimiento físico, tras el nacimiento espiritual viene el crecimiento espiritual. Esto significa que nuestra fe —nuestra confianza en Dios— es un proceso de madurez.

Ese fue sin duda el caso de Abraham. Su obediencia al dejar su país y su familia e ir a un lugar desconocido fue seguida por la impaciencia, ya que él abandonó rápidamente la zona hacia la que Dios lo había dirigido y su provisión, y fue hacia Egipto en busca de comida. Más tarde Abraham tuvo otro desliz en su madurez cuando escuchó a otros, específicamente a su esposa. Trató los asuntos por sí mismo y dejó de confiar en la promesa de que Dios le daría un hijo. Al final la fe de Abraham resistió los retos de la vida diaria, y su confianza en Dios se fortaleció hasta el punto de estar dispuesto a sacrificar a su hijo Isaac.

El escritor de Hebreos describe la prueba final de Abraham de la siguiente manera:

> "Por la fe Abraham, cuando fue probado, ofreció a Isaac; y el que había recibido las promesas ofrecía su unigénito, habiéndosele dicho: "En Isaac te será llamada descendencia"; pensando que Dios es poderoso para levantar aun de entre los muertos..." (He. 11:17-19).

Enseñanzas de Abraham para la vida

Abraham tuvo que aprender por sí mismo cómo vivir su fe. Hoy día usted tiene a Abraham como modelo; puede servirle de guía y de ejemplo. Los mensajes de la vida de este hombre son maravillosamente alentadores:

- Aunque a veces sus acciones sean pecadoras o bastante insensatas, Dios conoce su corazón y no lo abandonará.
- Su fe en Dios puede tambalearse a veces, pero a medida que pasen los años y usted sea testigo cada vez más de la bondad y la gracia del Padre, su confianza en Él crecerá.
- Su fe en Dios no le garantiza una vida libre de presiones. De hecho, Él puede hacerle pasar por pruebas mayores que a los demás.
- Su madurez en la fe lo preparará para los retos más difíciles que la vida le presente.
- Como Abraham aprendió de primera mano, Dios siempre mantiene sus promesas.
- No trate de resolver los asuntos por sí mismo. Busque la voluntad de Dios antes de intentarlo solo. Cuando Él le revele su voluntad, sígalo y hágalo.

Otras personas clave en la vida de Abraham

Lot: el sobrino de Abraham, que dejó Ur con Abraham y Sara (Gn. 11:31; 12:4-5).

Melquisedec: rey de Salem, "sacerdote del Dios Altísimo", que bendijo a Abraham y a quien Abraham dio los diezmos (Gn. 14:19; He. 7:1-2).

Eliezer: el fiel siervo de Abraham que fue enviado a buscar una novia para Isaac (Gn. 24).

Cetura: esposa de Abraham después de la muerte de Sara (Gn. 25:1), con quien tuvo seis hijos.

Sara

Madre de la nación judía

Por la fe también la misma Sara... recibió fuerza para
concebir; y dio a luz aun fuera del tiempo de la edad,
porque creyó que era fiel quien lo había prometido.
HEBREOS 11:11

☖

Característica más notable: Fiel esposa de Abraham
Hecho más destacado: Madre del patriarca Isaac
Época: Aprox. 2100 a.c. (vivió 127 años)
Nombre: *Sarai*, que significa "una princesa". Más tarde Dios le
cambio el nombre a *Sara*, que significa "princesa"
Texto principal: Génesis 11:27—21:12

Contexto

Sara y su esposo Abraham vivieron unos 700 años antes que
Moisés. Ella y Abraham compartían una parentela común, porque
Sara no solo era su esposa, también era su medio-hermana por parte
de su padre Taré (Gn. 20:12). Sara también es la madre de Isaac,
y por tanto ancestro de la nación judía, "una madre de naciones"
(17:16).

Breve resumen

El patriarca Abraham y su esposa Sara viven en la próspera y
poblada ciudad de Ur, en la fértil región del valle del Éufrates. Sin
embargo, Dios le pide a Abraham que deje su casa y a los suyos, y viaje
cientos de kilómetros hacia una Tierra Prometida desconocida. Sara

sigue a su esposo a un lugar donde vivirían y morirían como nómadas, sin tener nunca un espacio al que poder llamar casa.

Sara, originalmente llamada *Sarai* ("una princesa"), forma parte integral del plan de redención de Dios. Por lo tanto, cuando Él confirma su pacto con Abram y cambia su nombre por el de Abraham, también cambia el de Sarai por *Sara*, que significa "princesa". Así refleja la importancia que ella tiene en el esquema divino, en el cual se convertiría en la madre de la nación de Israel. Dios prometió: "Y la bendeciré, y también te daré de ella hijo; sí, la bendeciré, y vendrá a ser madre de naciones; reyes de pueblos vendrán de ella" (Gn. 17:16).

Visión general

La Biblia es un relato histórico muy conciso y directo de la obra de Dios en la historia. Sara junto con su esposo ocupan un amplio segmento del relato del libro de Génesis (11:27—25:10), lo cual indica su importancia. Sara, como Abraham, tiene un papel sustancial en el cumplimiento de la promesa del pacto de Dios al ser la que da a luz al heredero del patriarca.

Tres sucesos importantes en la vida de Sara ponen en peligro el cumplimiento de la promesa del pacto divino.

▶ **Sara es confundida con una mujer soltera:** *Génesis 11:29—12:9; 20:1-18*

En dos oportunidades, Abraham le pide a su esposa Sara que mienta sobre su matrimonio y diga que son hermanos. La primera vez es cuando Abraham llega a la tierra donde lo condujo Dios. Como allí se enfrentan a la hambruna, él decide viajar hacia el sur, hacia Egipto, para buscar comida. Por temor a que los egipcios lo maten para tomar a su bella esposa, Abraham le pide a Sara que diga que es su hermana, lo cual es una media verdad. Por supuesto, el faraón lleva a la hermosa Sara a su harén, obligando a Dios a intervenir milagrosamente para salvaguardarla (Gn. 12:10-19; 20:1-18). Veinticinco años después, tras su deplorable comportamiento en Egipto, Abraham vuelve a mentir sobre su relación con su esposa. Esta vez Sara y él están en un lugar llamado Gerar, cuyo rey es Abimelec. Como en Egipto, Dios interviene para proteger milagrosamente a Sara (20:1-18).

▶ **Sara actúa por sí misma:** *Génesis 16:1-16*

Con el paso de los años, Sara cada vez se preocupa más por no poder tener hijos. Después de todo, Dios había prometido hacer de Abraham "una nación grande" (12:2). Ella decide que si no puede darle un sucesor a Abraham, él tome a su sierva Agar como esposa para que le dé un heredero. El mundano método de Sara de manipular el plan de Dios se vuelve contra ella, y Abraham, Agar e Ismael, el hijo de Agar y Abraham, sufren debido a esta interferencia. Por supuesto, Dios cumplirá su promesa de que Abraham tenga un hijo de Sara, pero no hasta que pasen 16 años (21:5).

▶ **Sara se ríe incrédula:** *Génesis 18:10-15*

En una dramática aparición personal, Dios anuncia a Abraham, por segunda vez, el nacimiento de un hijo de Sara. Sara escucha la conversación entre Dios y Abraham, y se ríe incrédula. Dios la amonesta por su falta de fe, recordándole quién es Él con su pregunta: "¿Hay para Dios alguna cosa difícil?..." (18:14).

Hasta este momento, Dios ha hablado sólo con Abraham. Pero ahora, ante la risa incrédula de Sara y el obvio conocimiento que Dios tiene de sus pensamientos, Él hace que Sara se dé cuenta de que sus intentos fallidos de actuar por sí misma son reflejo de la desconfianza que tiene en la habilidad de Dios. Tras años de intentar llevar a cabo por sí misma los planes del Señor, Sara finalmente comprende. Así que cuando nace su hijo, declara: "...Dios me ha hecho reír..." (21:6). Esta vez su risa era de gozo y deleite, no de escepticismo.

Retrato

Sara, al igual que su esposo Abraham, demostró una gran fe en Dios (He. 11:11). De buen grado, viajó cientos de kilómetros hacia una tierra desconocida, dejando atrás la civilización y a su familia para vivir una vida nómada y seguir a su esposo, mientras él obedecía el llamado de Dios. También soportó con paciencia dos episodios en los que fue tomada por una mujer soltera porque su esposo no declaró su relación de matrimonio al temer por su vida. Además, Sara soportó 25 años de infertilidad, mientras esperaba que se cumpliera la promesa del Señor de tener un hijo. La confianza de Sara en Dios, como la de su esposo, fue creciendo poco a poco.

Esa confianza maduró, y su infertilidad tuvo fin cuando dio a luz un hijo, Isaac.

La actitud de Sara hacia su esposo y su conducta casta durante más de 60 años de matrimonio son tan impresionantes que se la menciona en el Nuevo Testamento como modelo para todas las mujeres (1 P. 3:1-6).

Enseñanzas de Sara para la vida

Sara viaja con Abraham, y sus muchas ocasiones de confiar en Dios nos proporcionan ricas lecciones a los creyentes de hoy día.

- *Las promesas de Dios se cumplen en el momento establecido por Él.* Resista el impulso de correr por delante de Dios. Espere a que Él actúe a su favor. Él siempre cumple sus promesas.
- *Ningún problema es demasiado grande para Dios.* Lo que le puede parecer una situación sin esperanza es en realidad una oportunidad de confiar en Él. En lugar de mirar el tamaño de su problema, piense en el tamaño de su Dios.
- *Las respuestas a las promesas del Señor a menudo llegan de formas misteriosas.* No intente adivinar cómo actuará Dios en su vida. Más bien, confíe en que Él es un Padre fiel que a menudo lleva a cabo su plan de formas que usted no comprende.

Cómo triunfar en tiempos difíciles

Orar: "Claman los justos, y Jehová oye, y los libra de todas sus angustias" (Sal. 34:17).

Confiar: "Fíate de Jehová de todo tu corazón, y no te apoyes en tu propia prudencia" (Pr. 3:5).

Creer: "Es, pues, la fe la certeza de lo que se espera, la convicción de lo que no se ve" (He. 11:1).

Esperar: "Pacientemente esperé a Jehová, y se inclinó a mí, y oyó mi clamor" (Sal. 40:1).

Isaac

El pacificador

Respondió Dios [a Abraham]... Sara tu mujer te dará
a luz un hijo, y llamarás su nombre Isaac;
y confirmaré mi pacto con él como pacto perpetuo
para sus descendientes después de él.

GÉNESIS 17:19

☖

Característica más notable: Espíritu tranquilo
Hecho más destacado: Pasar el pacto de Dios a su hijo Jacob
Fecha: 2005 a.c. (vivió 180 años)
Nombre: *Isaac*, que significa "él ríe"
Texto principal: Génesis 21—27

Contexto

Otra generación está a punto de aparecer con el milagroso nacimiento de Isaac. Dios había prometido a Abraham y a Sara un hijo. Finalmente, tras 25 años de espera, nace un hijo. Como les había dicho Dios, los orgullosos padres llamaron a su hijo Isaac, que significa "él ríe", lo cual es apropiado si tenemos en cuenta la reacción de Abraham de reírse cuando Dios le comunicó que su mujer, de 90 años, le daría un hijo (Gn. 17:17).

Breve resumen

Isaac es importante por ser una figura de transición. Hereda la promesa de Dios a Abraham, su padre, de hacer de él una nación grande (12:2). Esta promesa pasa ahora a Isaac y después a su hijo.

No solo se pasa la promesa, también la mayor parte de la riqueza de Abraham. En aquellos tiempos, Isaac era un hombre rico.

Visión general

Las Escrituras representan a Isaac como un hombre pasivo que no toma acciones arriesgadas, sino que se contenta con vivir en la Tierra Prometida, en tiendas, cuidando sus rebaños en los pastos, y de vez en cuando plantando y cosechando grano.

▶ Isaac se casa con Rebeca: *Génesis 24*

Cuando muere su madre Sara, Isaac tiene 39 años. Abraham envía a Eliezer, un criado de confianza, a buscar una esposa para Isaac entre los parientes de Abraham en Harán. Al anciano patriarca le preocupa la idolatría de los pueblos que lo rodean y desea mantener a su familia libre de tales influencias y prácticas. El criado viaja cientos de kilómetros hasta la ciudad natal de Abraham, donde conoce a Rebeca, la prima segunda de Isaac, en el pozo del pueblo.

Rebeca le dice a Eliezer quiénes son sus familiares y lleva al criado a su casa, donde él los conoce. El criado se da cuenta de que esta joven es la respuesta a sus plegarias, expone su propuesta rápidamente y pide llevarse a Rebeca con él de vuelta para que se case con Isaac. Rebeca accede a regresar con el criado y se convierte en la novia de Isaac.

▶ La familia disfuncional de Isaac: *Génesis 25:19-28*

Isaac tiene 40 años cuando se casa con Rebeca, pero no tienen hijos hasta los 60. Durante este tiempo, Isaac ora para que Rebeca conciba. Dios escucha sus plegarias y antes de que nazcan los gemelos, le dice a Rebeca que, al contrario de lo que es tradición, el hijo mayor, Esaú, servirá al más joven, Jacob.

Cuando crecen los gemelos, Isaac y Rebeca caen en la trampa de tener favoritos entre sus hijos. Isaac ama a Esaú por su rudeza y sus habilidades para la caza, que le proporcionan sabrosa comida. Rebeca, por su parte, ama a Jacob por su carácter tranquilo y su deseo de permanecer en el hogar cerca de ella. Este favoritismo más tarde conducirá a una disolución permanente en la familia de Isaac.

▶ **Isaac entre los filisteos:** *Génesis 26*

Tal como había hecho anteriormente su padre, Isaac trasladó a toda su familia y sus posesiones fuera de la Tierra Prometida cuando apareció el hambre. En lugar de ir a Egipto, Isaac se fue hacia la tierra costera de los filisteos. Dios se le aparece a Isaac y le confirma que lo seguirá bendiciendo también en esa tierra. De hecho, le dice que sus descendientes algún día ocuparán la tierra en la que están viviendo. Dios bendice a Isaac tanto que el rey local le pide que se vaya debido a su prosperidad. Antes de irse, el rey le pide que firme un tratado de paz entre ambos.

▶ **Isaac bendice a su hijo Jacob:** *Génesis 27*

Isaac es anciano y cree estar cercano a la muerte, así que llama a Esaú, su hijo mayor, para bendecirlo, según las costumbres. Ignorando la palabra dada por Dios a Rebeca de que Esaú serviría al joven Jacob (25:23), olvidando que Esaú había vendido su derecho de primogenitura a Jacob (25:33) y pasando por alto el matrimonio de Esaú con una mujer extranjera idólatra (26:34-35), Isaac trata de darle su bendición al primogénito.

Pero gracias a los engaños y trucos de Rebeca y Jacob, Isaac, que está ciego, da por error su bendición a Jacob. Esaú ruega a su padre que revoque la bendición. Cuando Isaac se niega, Esaú planea matar a su hermano. Pero Jacob es enviado fuera con la familia de Rebeca antes de que pueda sufrir algún daño. Las conspiraciones y maquinaciones de Rebeca contribuyen a que Jacob reciba la bendición, pero ella paga un alto precio por ello: muere antes de que su favorito regrese a casa 20 años después.

▶ **Los últimos años de Isaac:** *Génesis 37:29*

Isaac muere a la edad de 180 años; vive 43 años más después de pronunciar su bendición final sobre Jacob. El tiempo cura el odio de Esaú hacia su hermano. Por lo tanto, Isaac, en su lecho de muerte, ve a sus dos hijos juntos y reconciliados.

Retrato

El carácter tranquilo de Isaac se puede apreciar desde pequeño, cuando su padre Abraham, por orden de Dios, lo lleva al monte

Moriah para ofrecerlo como sacrificio. Las Escrituras no dicen que Isaac pusiera ninguna objeción a que su padre alzara el cuchillo para degollarlo (22:1-13).

Este mismo carácter se puede observar al negarse a ser provocado por sus enemigos cuando estos le reclaman los pozos en dos ocasiones distintas. Su respuesta simplemente fue alejarse y cavar más pozos hasta que la disputa se terminara (26:18-22). El espíritu pasivo de Isaac también tiene su parte oscura. Al igual que su padre, pidió a su esposa Rebeca que fingieran ser hermanos por temor a ser matado por los filisteos, que podían desearla por su belleza (26:7). Sucedió que el rey de los filisteos vio que Isaac acariciaba a Rebeca, y adivinó que eran marido y mujer, y le reprochó su cobardía.

Enseñanzas de Isaac para la vida

Dios constantemente confirma sus promesas a su pueblo. Las promesas de Dios son inalterables. Nunca las olvida, pero nosotros sí lo hacemos. Por lo tanto, Él utiliza muchos medios para recordarnos su amor y cuidado hacia nosotros. Lea su Palabra a menudo para que le recuerde una y otra vez las promesas que el Padre nos ha hecho.

La paz a cualquier precio no es siempre la mejor decisión. La Biblia habla de las bendiciones de ser un pacificador (Mt. 5:9), pero nunca a expensas de su carácter, sus responsabilidades o los criterios de Dios. Defienda aquello en lo que cree y confíe en que Dios lo proteja y honre su valor.

El favoritismo dentro de la familia ocasiona problemas y divisiones. Como padres es mucho mejor alabar las cualidades particulares de cada uno de nuestros hijos en lugar de favorecer al hijo cuyos puntos fuertes o personalidad apreciamos más.

La manipulación puede hacer que consigamos lo que queremos, pero no lo que es mejor para nosotros. Dios había revelado a Rebeca que Jacob sería el bendecido por encima de su hermano, pero Rebeca no esperó a que Dios cumpliera la promesa en su momento y a su manera. Por lo tanto, ella hizo las cosas a su modo, y eso le costó la presencia de Jacob (nunca lo volvió a ver) y, probablemente, el amor de Esaú.

Aprenda a confiar en que Dios obrará en su vida y sus circunstancias en el tiempo y la manera que Él disponga. Usted siempre recibirá lo que es mejor para usted.

Más cosas sobre Isaac

Los últimos días: Isaac vivió 180 años, y murió y fue enterrado junto con Abraham y Sara, y con Rebeca, su esposa (35:28; 49:31).

Momento más notable: Confiar en Dios cuando este le pidió a su padre que le ofreciera en sacrificio.

Momento más bajo: Negar que Rebeca era su esposa (26:7).

Contribución más duradera: "Por la fe bendijo Isaac a Jacob y a Esaú respecto a cosas venideras" (He. 11:20).

Pasajes adicionales: Romanos 9:7-8; Hebreos 11:17-20; Santiago 2:21-24.

Jacob

Tocado por Dios

He aquí, yo estoy contigo, y te guardaré por
dondequiera que fueres, y volveré a traerte a esta
tierra; porque no te dejaré hasta que haya hecho
lo que te he dicho.

GÉNESIS 28:15

☩

Característica más notable: Naturaleza transformada
Hecho más destacado: Convertirse en el padre de la nación
israelita
Época: Alrededor del 1950 a.c.
Nombre: *Jacob*, que significa "suplantador" o "el que toma", luego
llamado *Israel*, que significa "el que tiene el poder con Dios"
Texto principal: Génesis 25—50

Contexto

Abraham, Isaac y Jacob. Estos tres nombres aparecen unidos
muchas veces en la Biblia para mencionar a los patriarcas de Israel, el
pueblo de Dios en relación con el pacto prometido a Abraham (Gn. 12:1-
3). Dios le dijo que haría de él "una nación grande". Con el nacimiento
del hijo de Abraham, Isaac, la promesa de Dios empezó a cumplirse.
Después Jacob nació de Isaac y Rebeca. A través de Abraham, Isaac y
Jacob, Dios fue formando soberanamente a su pueblo elegido (Ro. 9),
que un día produciría al que se predijo en Génesis 3:15, el que vencería
a Satanás: el Mesías, Jesucristo.

Breve resumen

Jacob se pasa los años de su juventud viviendo en la tierra de Canaán con sus padres, Isaac y Rebeca, y su hermano mellizo, Esaú. Pero la rivalidad y el engaño que afectan a Esaú obligan a Jacob a huir para ponerse a salvo entre la familia de Rebeca en Harán. Mientras Jacob está fuera, se casa con dos mujeres y tiene dos concubinas, todas ellas le dan hijos, hasta un número de 12. Estos 12 hijos formarán un día las 12 tribus que darán lugar a la nación judía de Israel, que lleva ese nombre por su padre, Israel.

Visión general

▸ **Jacob compra el derecho de primogenitura a Esaú:** *Génesis 25:27-34*

En los tiempos bíblicos, el derecho de primogenitura del hijo mayor era importante. Cuando un padre moría, el hijo mayor heredaba dos veces más que sus hermanos y asumía la posición de autoridad como cabeza de familia.

La historia de Jacob comienza cuando su hermano Esaú regresa de una cacería, cansado y muerto de hambre. Jacob le propone un intercambio: el guiso que está haciendo a cambio del derecho de primogenitura. La rápida aceptación de Esaú muestra el poco valor que le daba a su posición como hijo mayor. También se puede ver la poca consideración que Jacob tenía por su integridad personal. Este trato no es vinculante, pero revela los corazones y caracteres de ambos hermanos.

▸ **Jacob suplanta a su hermano:** *Génesis 27:1-40*

Años más tarde, creyendo que va a morir, Isaac intenta dar su bendición de primogenitura a Esaú. Pero Rebeca quiere la bendición para Jacob; quizá porque recuerda lo que Dios dijo sobre los mellizos antes de que nacieran: "...el mayor servirá al menor" (25:23), y quizá porque ella prefería a Jacob antes que a Esaú. Rebeca por lo tanto impulsa a Jacob a fingir que es su hermano. Así este engaña a su ahora ciego padre y recibe la bendición que iba dirigida a Esaú. Cuando Isaac se da cuenta de lo que ha sucedido, permite que Jacob se quede con la bendición y le pasa la promesa del pacto.

▶ **Jacob se encuentra con Dios de camino a Harán:** *Génesis 27:41— 28:22*

No es de extrañar que Esaú aborreciera a Jacob y quisiera matarlo (27:41). Por temor a las represalias de Esaú, Rebeca le pide a Isaac que envíe a Jacob con su familia. De camino a Harán, Jacob se encuentra con Dios. En un sueño, ve ángeles que ascienden y descienden por una escalera que va del cielo a la tierra. Jacob queda impresionado por la visión y hace una promesa y una súplica a Dios: "...Si fuere Dios conmigo... Jehová será mi Dios" (28:20-21). Aquí es cuando Jacob comienza a confiar en la presencia y la protección del Padre.

▶ **Jacob trabaja para Labán:** *Génesis 29:1—31:55*

Jacob encuentra providencialmente a Labán, hermano de Rebeca y tío suyo, y acuerda trabajar para él durante siete años a cambio de la mano de su hija menor, Raquel. No obstante, el día de la boda de Jacob, Labán cambia a sus hijas, y él acaba casado con la mayor, Lea, la de los ojos apagados.

Jacob decide trabajar otros siete años más para casarse con Raquel. Lea y Raquel luchan por el amor y la atención de Jacob, y le ofrecen a sus criadas para que tenga más hijos. El resultado final de este desastre doméstico son los 12 hijos nacidos de cuatro mujeres distintas.

Durante este tiempo, Jacob ha estado guardando el rebaño de Labán. Dios favorece todos los esfuerzos de Jacob incrementando el rebaño, lo cual trae grandes beneficios a Labán. Tras trabajar durante 14 años por las dos hijas de Labán, Jacob decide abandonar Harán y acuerda con Labán que tomará como salario únicamente los animales salpicados de color en lugar de quedarse con todo el ganado de su suegro. El resto quedará en poder de Labán. Con esta petición, Jacob se pone enteramente en manos de Dios, pues solo Él puede determinar qué animales pertenecerán a Jacob y cuáles a Labán.

▶ **Jacob regresa a casa como un hombre rico:** *Génesis 31—32*

Seis años después, Dios había transferido la mayor parte de la riqueza de Labán a Jacob, a pesar de la codicia de Labán y de sus engaños. Al final es hora de que Jacob regrese a casa. Dios le confirma su presencia y lo impulsa a tomar a su familia y partir.

Aunque Dios garantiza a Jacob su protección para el viaje, este todavía teme las represalias de Esaú ante su regreso. Esperando calmar a su hermano que se está aproximando, Jacob envía 550 animales por delante de su familia. Esta es una estrategia maestra, pero revela las dudas que tiene Jacob a la hora de confiar en que Dios intervendrá de alguna manera.

La noche antes de que Jacob y su hermano Esaú se encuentren, aquel se ve implicado en una lucha única, sin descanso, que dura toda la noche con un "hombre" a quien identifica como Dios en forma humana. Jacob se niega a dejarlo ir hasta que lo bendiga. El Señor entonces da un nuevo nombre a Jacob: *Israel*, "el que lucha con Dios".

Cuando al final Jacob se encuentra con Esaú, los dos hermanos se abrazan y lloran emocionados tras 21 años de una separación problemática.

▸ **El viaje de Jacob a Egipto:** *Génesis 35—49*

Después que Jacob regresa a casa y se reúne con su padre Isaac, se produce otra hambruna. Pero antes de esto, Dios ya ha enviado a uno de los hijos de Jacob, José, a Egipto. José fue allí como esclavo, pero después se convirtió en dirigente y llegó a ser el segundo por detrás de Faraón. José invita a Jacob y a la familia entera de 66 personas a venir a Egipto para preservarlos del hambre.

Retrato

Dios bendijo a Jacob conociendo muy bien los atajos de mentiras, engaños y manipulaciones que había tomado. Sin embargo, cuando Jacob se vio obligado a abandonar el lugar en el que se sentía seguro como consecuencia de sus engaños, empezó a buscar la provisión de Dios. Hacia el final de su vida, no hacía nada sin pedir el consejo divino. Debido a su completa transformación, el Señor le cambió el nombre de Jacob, que significaba "suplantador" o "engañador", por otro que significaba "el que lucha con Dios" (Gn. 32:28).

Enseñanzas de Jacob para la vida

El fin nunca justifica los medios. Dios le dijo a Rebeca que Jacob recibiría la bendición por encima de su hermano Esaú, pero ella no pudo esperar a que Dios interviniera cuando parecía que Isaac iba a bendecir a Esaú en lugar de a Jacob. Rebeca eligió utilizar a Jacob para manipular las cosas y pagó un alto precio: no volvió a ver a su hijo. Dios nunca necesita nuestra ayuda para cumplir con su voluntad.

El engaño engendra engaño. El pecado siempre trae consecuencias. El engaño de Jacob hizo que tuviera que huir para salvar su vida y que tuviera que trabajar durante años para un pariente igualmente engañoso e intrigante. No cuente con que Dios lo libre de las consecuencias que traerá su engaño a otros.

La madurez espiritual es un largo camino. Pronto en la vida, Jacob empezó a confiar en los trucos y en sus propias maquinaciones para conseguir lo que quería. Al final de sus días, reconoció la mano de Dios en su vida e incluso animó a su hijo José a esperar pacientemente y permitir que Dios lo trajera de regreso a la tierra de sus padres (Gn. 48:21). Así que, deje las intrigas y los engaños. Trate de completar su viaje espiritual desde la confianza en sí mismo a la confianza en Dios con rapidez y con menos sufrimientos de los que Jacob experimentó.

Los doce hijos de Jacob

Rubén	Gad
Simeón	Aser
Leví	Isacar
Judá	Zabulón
Dan	José
Neftalí	Benjamín

José

Fiel y misericordioso

*Vosotros pensasteis mal contra mí, mas Dios lo
encaminó a bien, para hacer lo que vemos hoy,
para mantener en vida a mucho pueblo.*

GÉNESIS 50:20

⚭

Característica más notable: Perdón
Hecho más destacado: Enviado providencialmente por Dios a
Egipto para salvar a su familia y a la raza judía
Época: 1914-1804 a.c.
Nombre: *José*, que significa "añadirá" o "puede que añada"
Texto principal: Génesis 37—50

Contexto

José es el undécimo hijo de los 12 que tuvo Jacob; es hijo de
Raquel, la esposa a la que Jacob más ama. Así pues, no es extraño
que José sea el hijo favorito de Jacob. La tierra que Dios les dio a
Abraham, Isaac y Jacob —la tierra de Canaán— está situada entre
los grandes poderes del norte, con Egipto al sur. Como Canaán es
una tierra que conecta el norte y el sur, ha sido con frecuencia un
campo de batalla. Para que los descendientes de Abraham prosperen
y se transformen en la gran nación prometida por Dios, necesitan
una tierra segura donde vivir. Al emigrar hacia una de las partes más
ricas en agricultura de Egipto, la nueva nación pudo multiplicarse y
formar un pueblo que algún día regresaría a Canaán con una fuerza
lo suficientemente grande como para expulsar a las naciones que
vivan allí. José jugará un papel clave ayudando a su padre Jacob y al

resto de su familia a instalarse en Egipto durante una larga y severa hambruna.

Breve resumen

El favoritismo había destruido la unión de los padres de Jacob (Isaac y Rebeca) y su relación con su hermano Esaú. Ahora el prejuicio afectaría a su propia casa y familia. El favoritismo de Jacob hacia su hijo José es evidente, y sus hermanos pueden verlo y sentirlo. Están resentidos profundamente con él y, llenos celos, lo venden como esclavo a unos mercaderes que viajan a Egipto.

A pesar de sufrir injustamente, José confía con firmeza en Dios, toma decisiones piadosas una tras otra y al final es ensalzado con el cargo de segundo gobernante de Egipto.

Visión general

▶ Los primeros años de José: *Génesis 37*

José es uno de los hijos de Raquel, la esposa más amada por Jacob. Debido a esto, este muestra un palpable favoritismo hacia José, y sus hermanos lo odian. Por eso lo venden como esclavo a unos mercaderes que van a Egipto y después le dicen a su padre que José está muerto. El engaño de Jacob a su propio padre Isaac parece haberse transmitido a sus hijos y serle devuelto por ellos.

▶ José en la casa de Potifar: *Génesis 39*

La situación injusta en la que José se encuentra no afecta su ética a la hora de actuar. Tras llegar a Egipto como esclavo, pronto se convierte en el sirviente de más confianza de su amo, Potifar, un alto oficial del gobierno de Faraón. Potifar pone a José a cargo de todos sus bienes. Pero más tarde, la esposa de Potifar se interesa sexualmente por José y lo busca con insistencia. Él se resiste diciendo: "…¿cómo, pues, haría yo este grande mal, y pecaría contra Dios?" (39:9). Después ella acusa falsamente a José, y Potifar lo encarcela.

▶ José interpreta los sueños: *Génesis 39:21—41:36*

Una vez más las habilidades de José y su integridad lo hacen prosperar. Esta vez se convierte en el guarda del resto de los presos de la cárcel, ayudando así a dirigir la prisión. Mientras José es prisionero, dos altos oficiales de la corte de Faraón son también encarcelados. Cada uno de ellos tiene un sueño que José interpreta: uno de los hombres será ahorcado, y el otro, restaurado a su puesto original de oficial. Dos años más tarde, cuando Faraón tiene un sueño perturbador, y nadie es capaz de interpretarlo, aquel oficial que había estado en prisión recuerda las habilidades de José para interpretar sueños y sugiere que sea llevado ante Faraón.

▸ José es ascendido a segundo dirigente de Egipto: *Génesis 41*

José es capaz de interpretar los sueños de Faraón y le explica que siete años de abundancia vendrán seguidos de siete años de una enorme sequía y hambre. José recomienda que alguien se haga cargo de almacenar grano suficiente para alimentar a la nación durante los años de escasez. Faraón y sus líderes están tan impresionados con José, que lo ponen a cargo de ese proyecto tan importante. Con 30 años, José es el oficial de más alto rango de la tierra, después de Faraón. Nuevamente, como ocurrió con Potifar y también en la cárcel, Dios bendice los esfuerzos de José, su honestidad y sus habilidades organizativas. En Egipto, José se casa y tiene dos hijos, Manasés y Efraín (41:50-52).

▸ José se reúne con su familia: *Génesis 42—47*

Tras siete años de abundancia, llega el hambre, tal como José había predicho. Toda la región se ve afectada, pero solo Egipto tiene comida. Allá en Canaán, Jacob oye hablar de que hay comida en Egipto y envía a sus hijos dos veces a comprar grano para que su familia pueda sobrevivir. En cada uno de esos viajes, los hermanos se encuentran con José, pero no lo reconocen. Finalmente este se da a conocer a sus hermanos, los perdona por sus actos del pasado e invita a su padre Jacob y a toda la familia a instalarse en Egipto para poder cuidarlos y mantenerlos.

Mientras están en Egipto, Jacob muere. Antes de su muerte, da la bendición a cada uno de sus hijos. Cuando Jacob llega a José, bendice también a sus dos hijos, asegurándose así de que él reciba una bendición doble. Han pasado muchos años, pero José sigue siendo el favorito de su padre.

A la edad de 110 años, José muere en Egipto y, como había pedido, sus huesos son llevados de regreso a Canaán cuando los hijos de Israel regresan allí. Durante los duros momentos de su vida y al final mismo de ella, José confía en las promesas de Dios para él y para el pueblo de Israel. Casi cuatro siglos más tarde, Moisés sacará los huesos de José de Egipto, y Josué, que reemplazará a Moisés, los enterrará en Siquem (Jos. 24:32).

Retrato

José jugó un papel de vital importancia en la conservación del pueblo hebreo. Aunque la separación del favoritismo de su padre y de esa plataforma que le podía impulsar a desarrollar un carácter egoísta fue una experiencia dolorosa, Dios la utilizó para convertir a José en uno de los personajes más piadosos del Antiguo Testamento. Su resistencia a la tentación, su ética y su integridad están por encima de cualquier reproche.

Como segundo hombre más poderoso de Egipto, José humildemente se dedicó a hacer el bien en su tierra de adopción. A pesar del mal que sus hermanos habían cometido en su contra, mostró una gran misericordia al perdonarlos y darles la bienvenida para que compartieran con él las bendiciones de Dios en la tierra de Egipto. Tal como les explicó: "Vosotros pensasteis mal contra mí, mas Dios lo encaminó a bien, para hacer lo que vemos hoy, para mantener en vida a mucho pueblo" (Gn. 50:20).

Enseñanzas de José para la vida

No hable demasiado de sí mismo, especialmente si eso lo hace parecer mejor que los demás. La confianza en las habilidades que Dios le ha dado es una cualidad deseable, pero tenga cuidado de no convertirse en alguien orgulloso y jactancioso. Haga su trabajo de forma tranquila y humilde.

Intente dar lo mejor de sí mismo en todo lo que haga. José intentó dar lo mejor de sí en todo lo que se le pedía, ya fuera en lugares importantes (la casa de Potifar) como en lugares de poca importancia (la cárcel). Dios le pide que haga las cosas lo mejor que sepa en todo momento y esté donde esté (Col. 3:17). Toda pequeña tarea bien realizada no solo honra a Dios, también lo prepara a usted, al igual que a José, para superar mayores retos y realizar servicios más importantes.

Resista la tentación del pecado. Vivimos en un mundo lleno de tentaciones. Como José, usted debe ver el pecado y el sucumbir a él como una afrenta a Dios. Busque la ayuda del Señor y evite pecar ante los demás. Al hacerlo, honrará a Dios y mostrará respeto por los demás.

Mantenga una perspectiva divina. Ya sea que se tratara de las tentaciones de la esposa de Potifar o de las acciones de sus hermanos, José siempre confió en los planes de Dios para su vida. No importa lo desesperadas que puedan parecer las circunstancias, mire más allá del estado actual de las cosas y confíe en que Dios haga su voluntad en su vida.

El árbol genealógico de Israel
Las esposas de Jacob y sus hijos

Lea	Raquel	Bilha	Zilpa
Rubén	José	(Sierva de Raquel)	(Sierva de Lea)
(el primogénito)	Benjamín	Dan	Gad
Simeón		Neftalí	Aser
Leví			
Judá			
Isacar			
Zabulón			

Moisés

El libertador

Y hablaba Jehová a Moisés cara a cara, como habla
cualquiera a su compañero...
ÉXODO 33:11

☘

Característica más notable: Relación con Dios
Hecho más destacado: Liberó a Israel de Egipto
Época: 1520-1400 a.c. (vivió 120 años)
Nombre: *Moisés*, que significa "sacado de"
Texto principal: Éxodo—Deuteronomio

Contexto

Han pasado unos 300 años desde la muerte de José, uno de los 12 hijos de Jacob. José había sido un líder de confianza para Faraón durante un momento desesperado de hambre en la tierra de Egipto. Por invitación de José, Jacob su padre y toda la familia —un total de 66 personas— dejaron Canaán y se dirigieron al sur para refugiarse en Egipto.

Ahora hay nuevos dirigentes en el poder que no saben nada de José y de su contribución al bienestar del país. Por temor a la gran población que forman ahora los descendientes de Jacob y a su poder potencial, un nuevo faraón esclaviza a los hebreos. En su agonía, el pueblo de Israel clama a Dios, que ve su opresión, escucha sus lamentos e interviene enviando a un libertador llamado Moisés (Éx. 3:7-8).

Breve resumen

Moisés tiene cuatro papeles importantes en su servicio a Dios:

- *Moisés es un obrador de milagros.* Dios capacita a Moisés para realizar milagros. Él sirve de canal a través del cual los poderes divinos se revelan claramente no solo a la nación esclava, sino también a la nación opresora, Egipto, y a su líder, Faraón.
- *Moisés es un profeta.* Dios habla a través de Moisés para revelar su deseo de bendecir a la nueva nación y de proclamar su juicio sobre Faraón y su pueblo.
- *Moisés es el dador de la ley.* Hasta los tiempos de Moisés, el pueblo no tenía un criterio moral o social que seguir. En el monte Sinaí, Moisés escribe los mandamientos y los preceptos de Dios, que le ayudarán a guiar a esta nueva nación.
- *Moisés es un líder.* Tras partir de Egipto, el pueblo de Israel se queja a Moisés y constantemente lo reta. Moisés lucha durante 40 años para liderar dos generaciones de personas rebeldes hacia la Tierra Prometida. Solo orando constantemente y con las frecuentes intervenciones de Dios, Moisés es capaz de guiar a más de dos millones de personas hasta los límites mismos de la nueva tierra.

Visión general

Moisés es uno de los personajes más importantes de la Biblia; su importancia es evidente dados los más de 800 versículos que se refieren a él en las Escrituras. Podemos dividir su vida en tres fases distintas de 40 años cada una:

► Los primeros años de Moisés: *Éxodo 2:1-15*

En la época en que nació Moisés, Faraón había dado orden de ahogar a todos los bebés varones hebreos para ayudar a reducir la población de los esclavos hebreos. Sin embargo, la madre de Moisés lo colocó en una cesta de juncos en el Nilo, que fue hallada por la hija de Faraón. Por la providencia de Dios, la madre de Moisés es contratada para cuidar del niño durante los tres primeros años de su vida, hasta que él es llevado para vivir permanentemente en casa de Faraón. Como hijo adoptivo de la hija de Faraón, Moisés recibe la mejor educación que Egipto puede ofrecer. A la edad de 40, Moisés recuerda sus "raíces" —probablemente por la influencia temprana de su madre— e interviene en una pelea donde mata a un capataz egipcio que está maltratando a un esclavo hebreo. Moisés se da cuenta de que Faraón se ha enterado de lo que ha hecho y huye al desierto para salvar su vida.

▶ **Moisés, el pastor:** *Éxodo 2:15-25*

En el desierto de la península de Sinaí, Moisés se encuentra con un grupo de pastores madianitas y se casa con la hija de Jetro, el líder del grupo. Moisés pasa 40 años aprendiendo a sobrevivir como pastor en el desierto. Durante este tiempo, la gran visión de ayudar a su pueblo se va convirtiendo en un recuerdo distante a medida que él se vuelve más humilde por el paso del tiempo y la dureza del desierto.

▶ **Moisés, el libertador:** *Éxodo 3:1—Deuteronomio*

Los primeros 40 años, Moisés los vivió como un príncipe privilegiado de Egipto. Como era orgulloso, creyó que podía liberar a su pueblo por sí mismo. Tras cuatro décadas como pastor, Moisés está listo para la tarea de ser el libertador. Ahora es consciente también de su incapacidad y sabe que necesita depender de la fuerza de Dios para liderar al pueblo de Israel durante los últimos 40 años de su vida. Como libertador que actúa en nombre de Dios…

- Moisés se enfrenta a Faraón con las diez plagas. La décima plaga trae la muerte de todos los primogénitos egipcios. En este momento, Faraón permite finalmente que el pueblo de Dios abandone Egipto y su esclavitud (Éx. 5—13).
- Moisés conduce al pueblo de Dios a través del Mar Rojo, donde el ejército de Faraón que los persigue se ahoga milagrosamente (Éx. 14—15).
- Moisés recibe los Diez Mandamientos de Dios en el monte Sinaí (Éx. 20).
- Moisés intercede ante Dios a favor del pueblo después que estos construyeron un altar y adoraron un becerro de oro en lugar de a Dios (Éx. 32).
- Moisés y el pueblo construyen el tabernáculo según el "diseño" que Dios le había dado a Moisés (Éx. 27).
- Moisés hace un censo para formar un ejército que invada la Tierra Prometida (Nm. 1—2).

- Moisés intercede de nuevo ante Dios cuando el temeroso pueblo se niega a invadir la nueva tierra (Nm. 13—14).
- Moisés guía a la nación por el desierto hasta que una nueva generación reemplaza a la anterior y está lista para ocupar la Tierra Prometida (Nm. 15—Dt. 31).
- Moisés desobedece a Dios, y no se le permite entrar en la nueva tierra (Nm. 20:12). Sin embargo, se le concede que vea la tierra desde el monte Nebo antes de morir y ser enterrado por Dios mismo (Dt. 34).

Retrato

Moisés es la única persona en la Biblia de la que se dice que tuvo una relación cara a cara con Dios, lo cual lo diferencia de todos los demás personajes del Antiguo Testamento. Dios le mostró a Moisés más de sí mismo de lo que había revelado a ningún otro ser humano hasta ese momento. La amistad de Moisés con Dios le permitió interceder por las personas orando como sacerdote, realizar milagros ante Faraón como profeta de Dios y liderar a una gran multitud con eficacia. Como representante de Jehová, Moisés comunicó los grandes planes del Señor para la vida moral y social de una nueva nación. Fue una figura dominante en la Biblia y continúa siendo una figura central en el judaísmo actual.

Enseñanzas de Moisés para la vida

La vida tiene opciones. Moisés eligió al pueblo de Dios por encima del brillo temporal de Egipto. Usted también tiene opciones: ¿elige ponerse del lado de una cultura corrupta y de sus momentáneos placeres o se decidirá por las verdades eternas de la Biblia permitiendo que ellas dirijan su vida y su forma de vivir?

No intente nunca ir por delante de Dios. Las decisiones de la vida, incluso las que parecen más obvias o triviales, nunca se deberían tomar sin consultar a Dios orando, estudiando y buscando su sabio consejo. Para obtener las bendiciones de Dios, usted debe hacer las cosas a la manera y en el tiempo que Él indique.

Dios nos capacita para su llamamiento. Moisés se declaró a sí mismo inadecuado para ser utilizado por Dios. Pero como en el caso de Moisés, Dios nunca le pedirá que haga algo por Él sin proporcionarle todos los recursos necesarios para que usted pueda cumplir con su tarea. El Señor sólo le pedirá que responda y que actúe con fe. Él hará el resto.

El pecado puede ser perdonado, pero no siempre ocurre lo mismo con sus consecuencias. En un momento impulsivo, Moisés desobedeció a Dios, y el curso de su vida cambió para siempre. Usted también puede contar con la gracia, el amor y el perdón de Dios, pero al igual que Moisés, puede que lamente el resto de su vida las consecuencias de su pecado. Elija obedecer a Dios y viva sin tener que lamentarse.

El árbol genealógico de Moisés

- Su padre fue un levita.
- Su madre fue una mujer de fe (He. 11:23).
- Su hermana María intervino cuando Moisés fue sacado de las aguas y se aseguró de que su madre fuera su nodriza y cuidara de él. María fue la líder de las mujeres de Israel.
- Su hermano Aarón fue el portavoz de Moisés y el primer sumo sacerdote.
- Su esposa fue Séfora, hija de Jetro, un pastor madianita.

Se instituye la Pascua
Éxodo 12:1-13

La celebración de la Pascua se instituyó en la época del éxodo de los israelitas tras la esclavitud en Egipto. Esta celebración era un recuerdo de cuando el ángel de Dios pasó por alto todas las casas hebreas que habían sido señaladas rociando las puertas con la sangre de un cordero sin defecto, pero acabó con la vida de todos los primogénitos de las familias egipcias que no habían rociado con sangre sus puertas. A las familias hebreas se les dieron las siguientes instrucciones:

- elegir un cordero sin defecto,
- matar el cordero al anochecer,
- rociar su sangre en las puertas,
- asar el cordero totalmente en el fuego,
- vestirse para estar preparados para salir,
- comer con pan sin levadura,
- quemar la carne sobrante,
- celebrar esto cada año como recuerdo.

Aarón

El primer sumo sacerdote

...¿Y qué hay de tu hermano Aarón, el levita? Yo sé que
él es muy elocuente... Tú [Moisés] hablarás con él y le
pondrás las palabras en la boca; yo los ayudaré
a hablar, a ti y a él...
ÉXODO 4:14-15 (NVI)

&

Característica más notable: Portavoz de Moisés
Hecho más destacado: Primer sumo sacerdote
Época: 1500-1400 a.c.
Nombre: *Aarón*, significado desconocido
Texto principal: Éxodo—Deuteronomio

Contexto

La nación de Israel deja Egipto siendo una masa de dos millones de personas divididas en 12 tribus, pero sin una organización o una estructura religiosa unificada. Dios conduce al pueblo hasta la base del monte Sinaí, donde utiliza el liderazgo de Moisés para organizar a los hombres en un ejército de luchadores y le da las instrucciones exactas para que construyan un lugar común de adoración, el tabernáculo, además de los detalles para la realización de una serie de sacrificios y fiestas que tienen que celebrarse. También se debe nombrar un sumo sacerdote, un sacerdocio formal y un grupo de hombres que trabajarán en el tabernáculo. Todo esto tiene que hacerse antes de que las tropas se dirijan hacia la Tierra Prometida. Así como Dios escogió a Moisés para ser el líder, también escogió a su hermano, Aarón, para ser el primer sumo sacerdote.

Breve resumen

Aarón nace en los tiempos de la esclavitud en Egipto. Su padre, Amram, es de la tribu de Leví. Su madre es Jocabed. Aarón tiene una hermana mayor llamada María y un hermano tres años más joven, Moisés. Cuando tiene 83 años, Dios lo llama para ser el portavoz de Moisés ante su pueblo. Juntos, él y Moisés se enfrentan a Faraón y ven cómo Israel es liberado de Egipto. Él es uno de los dos hombres que sostienen los brazos de Moisés, mientras este alza la vara de Dios y consigue una victoria militar sobre el ejército de los amalecitas (Éx. 17:8-13).

Cuando llegan al monte Sinaí, Dios le da a Moisés muchos detalles sobre cómo vestirse y cómo deben actuar los sacerdotes. Tras la construcción del tabernáculo, Aarón y sus hijos son consagrados a los oficios sacerdotales por Moisés. Dios escoge a Aarón para ser en el primer sumo sacerdote. Él defiende a su hermano contra innumerables ataques verbales durante los 40 años en los que la nación vaga por el desierto. Comparte con su hermano el pecado de Meriba (Nm. 20:12) y, al igual que a Moisés, se le prohíbe la entrada en la Tierra Prometida. Justo antes de que Aarón muera en el monte Hor en la frontera de Edom, su puesto de sumo sacerdote pasa a su hijo Eleazar.

Visión general

Aarón, sus hijos y todos los que van después de él son los responsables de supervisar las muchas y variadas funciones del sistema religioso de sacrificios de Israel. Por su entrenamiento y educación en la ley de Dios, se convierten en los maestros más destacados del pueblo.

El papel de Aarón como sumo sacerdote. En el día de la expiación, tiene que hacer un sacrificio anual por los pecados de cada israelita. Él representa al pueblo ante Dios y sirve de mediador con Dios.

En su papel de sacerdotes, Aarón y sus hijos tienen que...

- eliminar toda forma de impureza de las personas;
- determinar qué animales eran limpios y cuáles eran inmundos para el sacrificio;

- realizar la purificación de las mujeres y los niños después del nacimiento, de los que se curaban de la lepra, de los que tenían problemas con el cuerpo o las secreciones;
- evitar las relaciones en el matrimonio;
- presidir el día de reposo y las fiestas anuales, así como los asuntos sobre la tierra, los diezmos, las bendiciones y las maldiciones, y los votos.

La vestidura sacerdotal de Aarón. El sumo sacerdote tiene que vestir un atuendo especial diseñado por Dios "...para honra y hermosura" (Éx. 28:2). Este atuendo es único y especial para el oficio de sumo sacerdote y tiene que ser utilizado también por los sucesores de Aarón.

Retrato

Aarón era un hombre perdido en la sombra de uno de los personajes bíblicos más grandes de todos los tiempos. Aun siendo colíder en el éxodo y trabajando codo con codo junto a Moisés contra la rebelión del pueblo, Aarón nunca pareció alguien importante o esencial. Sus momentos más destacados fueron como seguidor. Y tristemente, cuando dos veces quedó a cargo del liderazgo él solo, demostró ser un hombre débil.

Aarón y el becerro de oro (Éx. 32). No mucho después de que Moisés y Aarón condujeran al pueblo hacia el monte Sinaí, Dios pidió a Moisés que subiera a la montaña para reunirse con Él. Mientras Moisés pasó 40 días recibiendo los Diez Mandamientos y el resto de la ley bajo la cual tendrían que vivir los israelitas los siguientes 1400 años, Aarón quedó al mando.

El pueblo se puso nervioso debido a la larga ausencia del líder y le exigieron a Aarón que les hiciera un becerro de oro para sustituir al Dios de Moisés. Aarón, sin poner objeciones, cumplió con sus deseos e incluso anunció que al día siguiente habría una fiesta de adoración a Dios. El Señor alertó a Moisés de lo que estaba ocurriendo, y cuando se enfrentó a Aarón, este echó la culpa a las tendencias malvadas de las personas y explicó su versión de cómo había aparecido el becerro: "...lo eché en el fuego [el oro], y salió este becerro" (Éx. 32:24). Aarón siguió los pasos de muchos otros líderes que primero averiguan el camino que siguen las personas y luego se apresuran a ponerse al frente.

Desdichadamente, las convicciones de Aarón estaban determinadas por las convicciones del pueblo.

Aarón y María critican a Moisés (Nm. 12). Los hijos de Israel dejaron el monte Sinaí después de recibir la ley. Mientras viajaban hacia la Tierra Prometida, el hermano y la hermana de Moisés disfrazaron su verdadero motivo, que era hacerse con el liderazgo, protestando porque Moisés se había casado con una mujer etíope. Preguntaron: "...¿Solamente por Moisés ha hablado Jehová?..." (Nm. 12:2). Dios intervino y se enfrentó a ambos. María contrajo lepra, y Aarón fue seriamente reprendido. Una vez más, el carácter débil de Aaron quedó patente.

Enseñanzas de Aarón para la vida

Examínese a menudo buscando sus debilidades. Aarón era fuerte cuando permanecía al lado de Moisés, pero por lo general actuaba de forma irresponsable cuando estaba solo. Haga una evaluación honesta de sus puntos fuertes y débiles. Busque a aquellos que puedan ayudarle a evitar situaciones para las que no está preparado. Dios quiere que salga victorioso; a menudo lo conseguirá gracias a los demás.

El fracaso no lo descalifica para el servicio. Aarón le falló a Dios en numerosas ocasiones, no obstante Él lo siguió utilizando de forma significativa. Usted también puede creer que ha fracasado por hacer o no hacer algo. La vida de Aarón le confirma que la gracia y la misericordia de Dios están dispuestas para levantarlo y devolverlo al buen camino, el del servicio útil. Aprenda de los errores y pida sabiduría a Dios. Él está dispuesto a ayudarle si usted está dispuesto a responder a su amor, perdón y liderazgo.

Tenga convicciones fuertes. Aarón era un líder débil. No quiso enfrentarse a las malvadas peticiones del pueblo e hizo el becerro de oro. Sin convicciones fuertes, Aarón sucumbió a las demandas impías de los demás. Usted es un líder a cierto nivel, ya sea como padre o como alguien que desea ser un ejemplo para otros. Establezca convicciones bíblicas, y esté dispuesto a defender esas convicciones cuando se le pida que haga un "becerro de oro".

Sea un seguidor fiel. Aarón y su hermana María tenían envidia del liderazgo de Moisés. Querían su posición y autoridad, así que se quejaban. Dios trató su pecado. Puede que usted también desee la posición de liderazgo que tiene otra persona. Si su motivación es el orgullo, la envidia o el ansia de poder, entonces se está comportando como Aarón y María. La Biblia le dice que hay que obedecer a los líderes. La obediencia comienza siendo un seguidor fiel. Ore por sus líderes y pida a Dios que le enseñe maneras de demostrar su apoyo.

La familia de Aarón

Hermano: Moisés.

Hermana: María.

Murió: en el monte Hor, cerca de Edom.

Honrado: 30 días de luto (el mismo tiempo que Moisés, lo cual demostró la importancia que Aarón tenía para Israel).

Hijos: Nadab, Abiú: los dos hijos mayores de Aarón, que murieron consumidos por un fuego.

Eleazar: ocupó el lugar de su padre como sumo sacerdote.

Itamar: líder de los levitas, que eran los responsables del tabernáculo.

Josué

Conquistador de la Tierra Prometida

*y [Moisés] puso sobre él [Josué] sus manos, y le dio el
cargo, como Jehová había mandado...*
NÚMEROS 27:23

☫

Característica más notable: Subordinado leal
Hecho más destacado: Conquistó Canaán
Época: 1494-1385 a.c. (vivió 110 años)
Nombre: *Josué*, que significa "Jehová es salvación"
Textos principales: Éxodo 17; Números 14; Josué

Contexto

"Josué peleó la batalla de Jericó...". Así dice el estribillo de una
antigua canción espiritual. ¿Quién era Josué? La historia de su vida
comienza en Egipto.

Los hijos de Israel han vivido y se han multiplicado en la tierra de
Egipto durante casi 400 años. Los últimos años de su estancia allí los
pasan como esclavos. Aunque viven en esa condición, se puede decir
que la vida es buena. La civilización egipcia es una de las más avanzadas
de su época. Pero con el paso del tiempo, los capataces egipcios se
vuelven más crueles. Tanto que los israelitas claman a Dios, el cual
les da a Moisés para que sea su libertador. Mediante la fuerza de las
diez plagas, Moisés saca a su pueblo de Egipto y los lleva a las tierras
desérticas de la península de Sinaí.

Uno de los esclavos liberados —que con 50 años se convierte en
el ayudante de Moisés, en su espía, en su jefe militar y, al final, en su
sucesor— es Josué.

Breve resumen

Josué, al igual que el resto de los israelitas, nació bajo la esclavitud egipcia. Como ayudante y segundo de Moisés durante 40 años, Josué permanece a su lado durante todos los años que vagan por el desierto por culpa del escepticismo del pueblo. Antes de que Moisés muera, Dios le da la comisión a Josué de dirigir al pueblo hacia la Tierra Prometida. Aunque él se está acercando ya a los 90 años, es un militar destacado, conquista con éxito la zona e instala a su pueblo en la tierra de Canaán, la tierra que Dios había prometido a sus antepasados Abraham, Isaac y Jacob.

Visión general

▶ Josué es puesto a prueba muy pronto: *Éxodo 17:8-13*

Después que los hijos de Israel cruzan el Mar Rojo tras salir de Egipto, son atacados por una banda de amalecitas. Moisés le pide al pueblo que elijan hombres para defenderse de los merodeadores. Las habilidades militares de Josué se hacen evidentes al vencer con éxito al enemigo.

▶ Josué pronto es un apoyo: *Éxodo 24:13; 33:11*

Casi desde el comienzo del éxodo, cuando el pueblo de Dios huye de Egipto, Moisés depende de Josué. Por ejemplo, Josué acompaña a Moisés parte del camino hacia el monte Sinaí cuando este está a punto de recibir los Diez Mandamientos. Después de construir el tabernáculo, Josué está con Moisés cuando este se encuentra "cara a cara" con Dios (33:11) y se queda atrás cuando Moisés entra de nuevo en el campamento. De esta y otras maneras, Moisés estaba entrenando a Josué para que fuera su sucesor.

▶ Josué pronto es de confianza: *Números 14*

Cuando los israelitas se acercan a la tierra de Canaán, Moisés envía representantes de las 12 tribus de Israel para determinar cuál es la mejor manera de invadir la tierra. Diez de los espías regresan contando relatos temerosos de gigantes y ciudades fortificadas: "Vimos allí gigantes… y éramos nosotros, a nuestro parecer, como langostas" (Nm. 13:33). Solamente Josué y Caleb animaron al resto a confiar en

Dios y atacar tal como Él había ordenado. Por su fe y obediencia, solo a ellos se les permitió, al final, entrar en la tierra.

▶ **Josué se convierte en el sucesor de Moisés:** *Números 27:15-22*

Josué es la opción de Moisés para sucederlo cuando resulta evidente que a él no se le permitirá la entrada en la Tierra Prometida. Moisés ora a Dios para elegir un reemplazo, y el Señor le dice públicamente que nombre como sucesor a Josué.

▶ **Dios anima a Josué:** *Josué 1:1-9*

Moisés tenía por costumbre hacer que Josué fuera a todas partes con él cada vez que se reunía con Dios. De esta manera, Josué tenía ocasión de estar en presencia de Dios, lo cual fortaleció su fe en el Señor para llevar a cabo las responsabilidades que estaban por venir. Tras la muerte de Moisés, Dios habló directamente con Josué, ya que la conquista de la tierra estaba a punto de comenzar:

- Dios prometió estar con Josué (1:2-5), para proporcionarle éxito (1:6), para estar con él dondequiera que fuese (1:9).
- Dios instó a Josué a obedecer sus mandamientos (1:7-8) y a no tener miedo (1:9).

▶ **Josué es un líder fiel:** *Josué 1—24*

Josué y el pueblo tardan unos siete años en asumir el control de la mayor parte de la tierra. Josué supervisa personalmente la distribución de la tierra entre las 12 tribus. Todavía hay focos de resistencia allí, y cada tribu se hace responsable de expulsar a los que aún quedan en sus tierras.

Durante los siguientes 13 años, Josué dirige fielmente a las tribus de Israel hasta el fin de su vida. Cuando tiene ya casi 110 años, reúne al pueblo para trasmitirles unas últimas palabras de exhortación. Insta a los israelitas a elegir a quién servirán (24:15). Como en el pasado, Josué convoca al pueblo para que renueven su compromiso con Dios. Ellos responden: "...A Jehová nuestro Dios serviremos, y a su voz obedeceremos" (24:24).

Retrato

Las habilidades de liderazgo de Josué fueron solo superadas por Moisés. Así como este tuvo influencia durante el éxodo, Josué la tuvo durante la conquista de la tierra. Era un siervo fiel de Moisés y, cuando llegó su hora, sirvió fielmente a Dios como comandante del ejército israelita. Su compromiso era el de obedecer a Dios completamente y asegurarse de que el pueblo siguiera a Dios todos los días de su vida. El epitafio final de la Biblia para Josué es: "Y sirvió Israel a Jehová todo el tiempo de Josué, y todo el tiempo de los ancianos que sobrevivieron a Josué..." (24:31). Nadie puede desear mejores palabras en el día de su partida. No se lee nada negativo en las Escrituras respecto a este siervo de Dios y de Moisés.

Enseñanzas de Josué para la vida

El servicio fiel es esencial. A menudo se dice: "Nunca aprenderá a mandar hasta que no haya aprendido a obedecer". Josué demostró la importancia de obedecer incluso en las cosas más pequeñas. Era un ayudante, un chico de los recados cuando empezó a servir a Moisés. Pero fue fiel y estuvo siempre disponible cuando surgía alguna responsabilidad importante. Nunca minimizó el valor de la fidelidad en las pequeñas cosas. Las tareas menores bien hechas lo formarán para las tareas más grandes.

La asesoría hace a una buena persona aún mejor. La grandeza de Josué tenía el sello de Moisés. Josué confirma el hecho de que no importan lo grandes que sean sus dones y habilidades, pueden ser aclarados y perfeccionados si se pasa el tiempo aprendiendo de alguien más maduro y experimentado.

La obediencia no requiere comprensión. Josué llevó a cabo las instrucciones del Señor en la estratégica y fortificada ciudad-estado de Jericó; instrucciones que no tenían sentido alguno militarmente hablando. Hay que estar dispuestos a obedecer y confiar en Dios, aunque no entendamos su modo de actuar.

Sea un buen ejemplo. Josué nunca pidió a su pueblo que hiciera o fuera algo que él mismo no estaba dispuesto a hacer o ser. Estableció una expectativa muy alta para sí mismo, y las personas siguieron su ejemplo. Asegúrese de ser un buen ejemplo para sus hijos, su jefe o sus empleados, y para los demás. Nunca subestime el poder de ser un buen ejemplo para otros.

Caleb, un amigo comprometido de Josué

Uno de los 12 espías enviados por Moisés para examinar la Tierra Prometida.

Uno de los cuatro hombres que expresaron confianza a la hora de entrar en la tierra.

Uno de los dos únicos adultos que dejaron Egipto y entraron en la tierra.

Uno de los amigos valientes de Josué, que con 85 años todavía era capaz de luchar por la tierra.

Un hombre de mucha fe, porque confiaba en un Dios grande.

Rahab

La ramera

*Por la fe Rahab la ramera no pereció juntamente con
los desobedientes, habiendo recibido a los espías en paz.*

HEBREOS 11:31

☖

Característica más notable: Ejemplo brillante de fe
Hecho más destacado: Ser ancestro del rey David
Época: 1400 a.c.
Nombre: *Rahab*, significa "espaciosa"
Textos principales: Josué 2:1-21; 6:17-25; Mateo 1:5

Contexto

Posicionados en las llanuras de Moab, al este del río Jordán, Josué y
los israelitas esperan las indicaciones de Dios para conquistar la tierra
que les había prometido. Preparándose para la invasión, Josué envía
a dos espías a cruzar el río en busca de información militar. Tienen
que fijarse especialmente en la gran muralla de Jericó, que se extiende
11 km al este del río. Para evitar llamar la atención como extranjeros
mientras observan la ciudad, los dos espías van a un lugar frecuentado
por viajeros y extranjeros: la casa de Rahab, la ramera.

Breve resumen

Rahab esconde a los dos israelitas de las autoridades que han oído
noticias de que se ha visto entrar algunos espías en la casa. Tras dar
pistas falsas a las autoridades, Rahab pide protección a los espías,
creyendo que el Dios de Israel destruirá la ciudad. Luego los ayuda a

escapar, mostrándoles la salida de la ciudad y advirtiéndoles cuál es el mejor camino para evitar ser capturados. Cuando cae Jericó, solo ella y su familia de entre todo el pueblo se salvan. Su familia se mezcla con el resto de la nación, y ella se convierte en uno de los familiares lejanos del rey David, y a la larga, en parte del árbol genealógico del Mesías, Jesucristo (Mt. 1:5).

Visión general

> **La situación de Rahab:** *Josué 2:1-3*

Tres veces en los capítulos 2 a 6 se hace referencia a Rahab como "la ramera" o "Rahab la ramera". Ella no solo es una pagana, también pertenece a lo más bajo. Habría sido despreciada en cualquier sociedad. Como parte de su profesión, Rahab regenta un lugar donde los extranjeros vienen a alojarse. Estos extranjeros probablemente contarían historias sobre el éxodo de Israel, la división de las aguas del Mar Rojo y los reyes derrocados. Por eso, cuando los espías de Israel llegan a su puerta, ella ya ha pensado en sus posibles opciones. Aquí entre extranjeros, los dos espías esperan observar la ciudad sin ser vistos. Desdichadamente, se los ve entrar en la casa de Rahab.

> **El sacrificio de Rahab:** *Josué 2:4-7*

Rahab ahora tiene que hacer una elección. Denunciar la presencia de los espías y convertirse así en una heroína local, o esconderlos y enfrentarse a la posibilidad de morir como una traidora. Rahab cree en las informaciones que ha escuchado sobre el Dios de Israel y está convencida de que Jericó caerá bajo su poderosa mano. Por lo tanto, decide exponer su vida. Esconde a los espías, miente sobre su presencia y envía a las autoridades hacia una persecución infructuosa.

> **El plan de Rahab:** *Josué 2:8-16*

Reconociendo el temor que siente ahora el pueblo, Rahab pide que ella y su familia sean salvadas cuando la ciudad sea destruida. Los hombres acceden a tratar amablemente a Rahab cuando tomen la ciudad. Su única advertencia es que su presencia y misión no sea descubierta. Rahab ayuda a escapar a los espías sacándolos con una cuerda por su ventana, que da a la parte exterior de la muralla de la ciudad.

▶ **La señal de Rahab:** *Josué 2:17-21*

Los espías le dicen a Rahab que coloque un cordón de grana en la ventana por la que ellos han escapado y que reúna a toda la familia en su casa antes de que empiece la lucha. Si no hace eso, los espías y los soldados de Israel no se harán responsables de su seguridad. Confiando plenamente en sus palabras, Rahab coloca inmediatamente el cordón en la ventana como señal para el ejército invasor.

▶ **La salvación de Rahab:** *Josué 6:22-23*

Tras 40 años esperando poder entrar en la Tierra Prometida, el ejército israelita está listo para ello. El río Jordán está en su nivel más alto, pero Dios interviene y divide las aguas para que los 40.000 hombres puedan cruzar por tierra seca. El plan de Dios es simple: le pide al pueblo que dé vuelta en torno a la ciudad una vez al día en silencio. Después al séptimo día, darán seis vueltas a la ciudad, y en la séptima, los sacerdotes tocarán las trompetas, y los soldados gritarán, y las murallas se vendrán abajo. Josué y sus hombres hacen exactamente lo que se les ordena y, cuando caen las murallas, entran y destruyen completamente la ciudad... excepto la casa de Rahab y su familia, que permanecen seguras en la casa de ella.

▶ **El estatus de Rahab:** *Josué 6:25*

Desde ese momento, la historia de Rahab sufre un giro radical. Por tener fe en el Dios de Israel, ella abandona todo lo relacionado con su país, su profesión pecaminosa y su pasado. A cambio, ella y su familia reciben vida, un nuevo país y un nuevo comienzo. Rahab es rescatada desde el pozo mismo del pecado y la idolatría, y es colocada entre los santos en la genealogía del Salvador.

Retrato

Rahab ejemplifica el tipo de transformación que puede producirse cuando una persona pone su fe en Dios. Desde una perspectiva humana, no hay razón para que la Biblia hable tan favorablemente de Rahab. Era una idólatra, una mentirosa, una traidora que ayudó a la caída de su ciudad y una prostituta. No se puede caer más bajo en la escala social. No obstante, si observamos a Rahab desde una perspectiva divina, vemos a una mujer con sano temor de Dios, que la impulsa a dar la bienvenida a los espías y esconderlos. La Biblia dice que su acto fue una demostración visible de fe (He. 11:31; Stg. 2:25). Se convierte en parte de la línea genealógica del rey más grande de Israel, David, y finalmente del Rey más grande del mundo: Jesucristo.

Enseñanzas de Rahab para la vida

El poder salvador de Dios no excluye ni a los pecadores más grandes. ¿Es culpable de pensar que alguna persona despreciable que usted conoce está más allá de la ayuda de Dios? ¿Que no existe posibilidad alguna de que esa persona llegue a ser alcanzada por el evangelio? Es muy posible que a Rahab se la haya visto de esa misma manera. No obstante, ni ella ni ningún otro pecador terrible están nunca fuera del alcance de la mano salvadora de Dios. No se rinda con los que parecen no tener esperanza. Dios nunca se rindió con Rahab.

La fe en Dios transforma vidas. Rahab había oído contar historias de cómo Dios había dividido las aguas del Mar Rojo y destruido todas las naciones que se interponían en el camino de Israel. Los representantes de este Dios estaban ahora dentro de los muros de su ciudad. Ella creía en el poder del Dios de Israel. Por fe eligió estar de parte de Israel y enfrentarse a los suyos. ¿Ha reconocido al Señor como el único rey verdadero de su vida? ¿Ha confiado en que solo su poder puede salvarlo a usted? Si Dios puede transformar a una prostituta pagana, ¡también lo puede transformar a usted!

La situación de los demás debería preocuparle. Rahab consiguió una promesa de salvación no solo para ella, sino también para toda su familia. No se sabe cuán cercana era la relación con su familia debido a su profesión, pero Dios empezó a transformar el corazón de Rahab, y ella se preocupó por la salvación de su familia.¿Se preocupa usted, como Rahab, por la salvación de su familia y amigos? Si no es así, puede que haya olvidado cómo era su vida antes de que Dios lo salvara. Rahab no lo olvidó y no quería que su familia muriera sin tener la oportunidad de conocer al único Dios verdadero.

El lugar de Rahab en la historia bíblica

La línea de sangre de Rahab y Salmón engendró a Booz.

Booz engendró a Obed.

Obed engendró a Isaí.

Isaí engendró a David.

La línea de David engendró a

Jesús, el Cristo,

el Salvador del mundo.

Sansón

El hombre más fuerte de la Tierra

*Pues he aquí que concebirás y darás a luz un hijo
[Sansón]; y navaja no pasará sobre su cabeza, porque
el niño será nazareo a Dios desde su nacimiento, y él
comenzará a salvar a Israel de mano de los filisteos.*

JUECES 13:5

&

Característica más notable: Fe en Dios (He. 11:32)
Hecho más destacado: Luchó contra los enemigos de Dios
Época: Juzgó entre 1095 y 1075 a.c.
Nombre: *Sansón*, que significa "distinguido"
Textos principales: Jueces 13—16; Hebreos 11:32

Contexto

Los jueces eran un grupo especial de líderes que Dios dio para
liberar al pueblo de Israel de la opresión de los poderes extranjeros.
Los ataques que sufría Israel eran el resultado de la desobediencia del
pueblo. Cada vez que se apartaban de Dios, Él les enviaba opresores
en castigo por su pecado. Cuando oraban pidiendo ser liberados, Dios
levantaba jueces que los liberaban de sus atormentadores. Este ciclo
se produjo durante siete veces desde los tiempos de la conquista de
Josué hasta los de Samuel. Sansón, el último juez que se menciona en
el libro de Jueces, vivió hacia el final de este periodo de 350 años.

Breve resumen

Sansón nació como resultado del plan de Dios para la vida de un israelita llamado Manoa y de su esposa. Los padres de Sansón recibieron instrucciones muy específicas sobre cómo criar a su hijo, quien tendría que hacer un gran trabajo para Dios librando a Israel de sus enemigos, los filisteos. Para ayudar a Sansón a cumplir con su tarea, el Señor le dio una fuerza física sobrenatural. Sin embargo, en lugar de seguir los planes divinos, Sansón creció malgastando su fuerza en sus propias pasiones. Al final de sus 20 años como juez, Sansón fue engañado por Dalila, una prostituta, para que le revelara el secreto de su fuerza: su largo cabello. Su secreto no estaba realmente en su cabello, sino en su relación especial con Dios que se simbolizaba en su promesa de no cortarse el cabello. Así Dalila le cortó el cabello a Sansón, y él perdió su fuerza. Sansón pasó los últimos días moliendo grano en la prisión filistea. Su acto final de redención llegó cuando Dios respondió a su última oración y le dio la fuerza necesaria para derribar los pilares de un abarrotado templo pagano. Este acto final de Sansón para Dios destruyó más filisteos que todos los que había matado durante toda su vida.

Visión general

▶ **Primeros años de Sansón:** *Jueces 13:1—14:3*

Israel ha dado la espalda a Dios una vez más y experimenta las consecuencias de su pecado: sufrir la opresión de los filisteos. El Señor proporcionará un libertador para Israel a través de una pareja de la tribu de Dan. Las noticias de la llegada de este libertador son anunciadas por un mensajero muy especial, "el ángel del Jehová" (13:3). Él da instrucciones específicas para la futura madre y para el niño. El niño no debe beber vino, cortarse el pelo ni tocar un cuerpo muerto. El bebé nace, y a medida que va creciendo, Dios lo bendice, y el Espíritu del Señor viene a él para ayudarle a llevar a cabo el mandato divino.

▶ **Sansón pelea contra los filisteos:** *Jueces 14—16*

Se supone que Sansón tiene que dirigir al pueblo en su batalla contra los filisteos, pero la lucha pronto se convierte en algo personal, no político. Mata a muchos filisteos, quema sus campos y es una molestia para ellos toda su vida. Sus acciones no son el resultado de su preocupación por su pueblo, sino una venganza contra los filisteos por el daño que le han hecho a él.

▶ **La relación de Sansón con las mujeres:** *Jueces 14—16*

La vida adulta de Sansón comienza con su obstinada decisión de casarse con una filistea en contra del deseo de sus padres. Después de que a ella la matan los filisteos, Sansón se pasa la vida relacionándose con prostitutas. Su relación más notoria es con una prostituta leal a los filisteos llamada Dalila. Ellos le pagan dinero para que descubra el secreto de la fuerza de Sansón. Cuando ella descubre cuál es, le corta el pelo, y él queda indefenso. Los filisteos lo capturan, lo dejan ciego y lo obligan a empujar una rueda de molino en una prisión filistea. ¡Qué final tan humillante para una vida con tanto potencial!

Retrato

Sansón fue un hombre cautivo de sus pasiones y de su orgullo. No es alguien a quien se debería querer imitar. Por muy grandes que fueran sus dones, mayores eran aún sus defectos. Sus piadosos padres tenían grandes expectativas para su vida, pero su naturaleza obstinada lo llevó a perseguir sus propios placeres en lugar de defender y proteger al pueblo de Dios. El Señor le dio una gran fuerza para que la utilizara a favor de su pueblo, pero en su lugar, Sansón usó sus habilidades para beneficio propio. No permaneció cerca de Dios y, por lo tanto, no estuvo a la altura de su potencial. Aunque juzgó en Israel durante 20 años, nunca fue el tipo de líder que fueron los jueces anteriores. Sansón fue un gran guerrero, pero no pudo inspirar a otros a iniciar la batalla. Por lo tanto, los filisteos continuaron oprimiendo a Israel durante los 20 años que él estuvo como juez. No obstante Sansón, con todas sus debilidades y motivos egoístas, sirvió al propósito de Dios de frustrar los planes de los filisteos de dominar completamente a Israel, y es enumerado entre los fieles a Dios (He. 11:32).

Enseñanzas de Sansón para la vida

Tener dones no significa ser piadoso. Sansón fue el hombre con los dones más notables de su época. Se le habían proporcionado herramientas para hacer grandes cosas para Dios. No obstante, su orgullo y su obstinación lo llevaron a vivir para sus propias pasiones en lugar de los propósitos divinos. Hoy día, Dios le ha dado a usted el mando de sus habilidades físicas y espirituales. No malgaste su potencial de servicio al Señor y a su pueblo. Sea sabio y ponga el uso de su potencial en manos de Dios y vea como Él multiplica su utilidad.

Dios no abandona a sus hijos. Sansón estropeó toda su vida. Fracasó a la hora de alcanzar todo su potencial. No obstante, buscó a Dios en su último momento, y Dios respondió a su plegaria y le dio la fuerza necesaria para castigar severamente a los filisteos. ¿Se siente culpable y separado de Dios por sus pecaminosas elecciones? Dios está preparado para escucharlo, perdonarlo y devolverle el gozo de estar en comunión con Él. Lea la oración del perdón de David (Sal. 32).

Elija seguir a Dios en lugar de flirtear con la tentación. Sansón eligió continuar una comprometida relación con una prostituta llamada Dalila que le costó la visión, la libertad y, al final, la vida. No trate de averiguar lo cerca que lo puede llevar la tentación asociándose con las personas equivocadas, frecuentando lugares dudosos o haciendo cosas cuestionables. Al contrario, averigüe lo cerca que puede estar de Jesús. Pase la vida aprendiendo y madurando a través de las relaciones con el pueblo de Dios. Siga el consejo del apóstol Pablo a su joven amigo Timoteo: "Huye también de las pasiones juveniles, y sigue la justicia, la fe, el amor y la paz, con los que de corazón limpio invocan al Señor" (2 Ti. 2:22).

Lista de jueces

Juez	Tribu	Descripción
Otoniel	Judá	Era el hermano pequeño de Caleb
Aod	Benjamín	Era zurdo
Samgar	Desconocida	Arma elegida: la aguijada de bueyes
Débora	Efraín	Fue la única mujer juez
Gedeón	Manasés	Consiguió victoria militar con 300 hombres
Abimelec	Manasés	Hijo de Gedeón y de una concubina
Tola	Isacar	Vivió en las montañas
Jair	Manasés	Padre de treinta hijos

Guía de biografías bíblicas

Jefté	Manasés	Hizo un voto imprudente
Ibzán	Judá	Tuvo veinte hijos y treinta hijas
Elón	Zabulón	Juzgó a Israel durante diez años
Abdón	Efraín	Tuvo cuarenta hijos y treinta nietos
Sansón	Dan	Amó a Dalila y le contó el secreto de su fuerza
Samuel	Leví	El juez más grande de Israel

Rut

Una mujer virtuosa

...No me ruegues que te deje, y me aparte de ti;
porque a dondequiera que tú fueres, iré yo, y
dondequiera que vivieres, viviré. Tu pueblo
será mi pueblo, y tu Dios mi Dios.
RUT 1:16

⚛

Característica más notable: Fidelidad
Hecho más destacado: Bisabuela del rey David
Época: Durante el tiempo de los jueces (aprox. 1100 a.C.)
Nombre: *Rut*, que significa "amistad"
Texto principal: Rut

Contexto

Rut, una moabita, aparece en escena hacia el final del periodo denominado "los Jueces" en las Escrituras. En estos días oscuros, en los que "...no había rey en Israel; cada uno hacía lo que bien le parecía" (Jue. 21:25). Moab, una tierra al este del Mar Muerto, es una de las naciones que oprime a Israel durante este periodo (Jue. 3:12—4:1), así que hay hostilidad entre ambas naciones. Un hambre severa obliga a una familia israelita a emigrar desde Belén hasta Moab en busca de comida. Mientras están allí, el padre muere, y sus dos hijos se casan con mujeres moabitas, una de ellas es Rut. Después mueren también los dos hijos. Noemí, ahora viuda, y sus dos nueras viudas deben decidir su futuro.

Breve resumen

Rut, una viuda moabita pobre, decide dejar su familia, su país y sus dioses y viajar de vuelta a Belén con su suegra israelita, Noemí. Su cuñada decide quedarse en su país y nunca se vuelve a oír hablar de ella. Con su nuera, Noemí hace su largo viaje de regreso a Israel y a su ciudad natal, Belén. Una vez que llegan allí, Noemí informa a Rut de la costumbre que existe en la zona de dejar que los pobres se alimenten con las espigas dejadas en los campos recién cosechados. Rut llega al campo de un hombre llamado Booz, un pariente de Noemí. Este ha oído hablar de la devoción de Rut hacia su suegra, y le dice que no vaya a ningún otro campo, prometiendo que cuidará de ella. Al final, Rut se convierte en su esposa, y tienen un hijo llamado Obed. Más tarde, Obed se convertirá en el padre de Isaí y en el abuelo del rey David.

Visión general

Rut es una viuda pobre en una situación desesperada. Se ha casado con un "enemigo" de su nación. Ahora su esposo ha muerto, y su suegra decide regresar a Israel. Rut tiene algunas decisiones que tomar. Y lo que es más importante, decide dar un paso hacia delante con fe y establece tres relaciones clave:

Relación 1: Rut decide seguir al Dios de Noemí. Aparentemente, la fe de esta hace que Rut conozca al único Dios verdadero y lo siga, aunque esto signifique dejar su país, Moab.

Relación 2: Rut decide seguir a su suegra de regreso a Israel en lugar de volver a su casa en Moab. No tiene dudas. Con decisión, Rut expresa su fuerte compromiso a Noemí: "Dondequiera que tú fueres, iré yo". Sus palabras desafían la lógica: Rut y Noemí no debían tener una relación muy estrecha. Rut es joven; Noemí es mayor. Rut es moabita; Noemí es israelita. Sus países son enemigos. Tienen barreras culturales e idiomáticas entre ellas. Noemí no tiene nada que ofrecer a Rut, excepto más tristeza y pobreza. No obstante, Rut decide seguirla en su regreso a Israel y cuidar de ella en su vejez. ¿Cómo se puede explicar esto? La decisión en la relación 1 hizo que para Rut le fuera más fácil tomar la decisión en su relación 2.

Relación 3: Rut decide relacionarse con Booz. Una vez más, debido a su relación con Noemí, Rut confía en los consejos de su suegra. Booz, como pariente de Noemí, podía actuar como un pariente redentor. (En el antiguo Israel, el familiar de un hombre fallecido estaba obligado a casarse con su viuda y a tener un hijo en nombre del fallecido, según Dt. 25:5-10). Rut tuvo que realizar un antiguo ritual que, según las instrucciones de Noemí, le indicaría a Booz que ella deseaba que él se convirtiera en su pariente redentor. Booz aceptó gustosamente su proposición porque ella había demostrado ser una "mujer virtuosa" (3:11).

Retrato

Rut lo tenía todo en su contra. Era la viuda de un enemigo de su pueblo. No tenía dinero ni expectativas de futuro. Podía haber elegido estar amargada o enfadada con la vida, con los dioses en general, incluido el Dios de su suegra. Pero algo la atrajo hacia el único Dios verdadero de Noemí. No existe indicación alguna de que Rut se arrepintiera de su decisión de seguir a Noemí y a su Dios.

Rut se muestra leal, amable, trabajadora y confiada. Incluso cuando ella y Noemí tienen que enfrentarse a dificultades, ambas están comprometidas una con otra y con Dios. Como deseaban cuidarse mutuamente, al final encontraron la felicidad: Rut en su matrimonio y maternidad, y Noemí en su papel de abuela cariñosa.

Enseñanzas de Rut para la vida

Sea fiel incluso en las pequeñas cosas. Rut estuvo dispuesta a sacrificar todo para ayudar fielmente a su suegra. Esta cualidad de Rut, una extranjera, la hizo ser querida por el pueblo de Belén y especialmente por Booz. La fidelidad es un fruto del Espíritu y es esencial para vivir una vida por Jesús y dar testimonio al mundo. ¿Cómo calificaría su fe, incluso en las cosas pequeñas?

Esté dispuesto a someterse a la dirección de otros. Desde el principio del relato de Rut, ella aceptó gustosamente el consejo de su suegra. Siguió sus instrucciones al pie de la letra y nunca las cuestionó. La sumisión es una respuesta piadosa al consejo que recibimos de aquellos a quienes respetamos, y cuya autoridad está por encima de nosotros. Dios le ha proporcionado la guía de su Palabra, la sabiduría de sus maestros y el consejo de las personas piadosas que le rodean. Escuche y siga su consejo. Para Dios, su obediencia es mejor que cualquier sacrificio (1 S. 15:22).

Permita que el pueblo de Dios le ayude en los momentos de necesidad. Rut y Noemí regresaron a la ciudad natal de Noemí en condiciones desesperadas. No obstante, gracias a la ayuda de un miembro de su familia, Booz, sus necesidades fueron satisfechas. Al final Booz se casó con Rut, garantizando así también su futuro. Hoy día si usted es hijo de Dios por medio de Jesucristo, se ha convertido en parte de su familia. Permita que otros creyentes, otros miembros de la familia, le ayuden en sus momentos de necesidad. ¡Para eso está la familia!

Booz: un hombre íntegro

Era diligente (2:1).

Cordial (2:4, 8).

Misericordioso (2:7).

Piadoso (2:12).

Alentador (2:12; 3:11).

Generoso (2:15).

Amable (2:20).

Discreto (3:14).

Fiel (4:1).

Ana

Una madre piadosa

Por este niño oraba, y Jehová me dio lo que le pedí.
Yo, pues, lo dedico también a Jehová...
1 Samuel 1:27-28

☖

Característica más notable: Gratitud a Dios
Hecho más destacado: Le dio a Israel su juez más grande
Época: Aprox. 1275 a.c., durante los últimos días de los Jueces
Nombre: *Ana*, que significa "gracia" o "favor"
Texto principal: 1 Samuel 1:1—2:21

Contexto

Ana entra en escena durante los últimos días de los jueces de Israel. "En estos días no había rey en Israel; cada uno hacía lo que bien le parecía" (Jue. 21:25). La poligamia es una práctica común en esos tiempos, y aunque Elcana, el esposo de Ana, es un hombre piadoso, la practica. Ana es la favorita de las dos esposas que tiene, la otra se llama Penina. La vida es dura, y la supervivencia se basa en tener muchos hijos que ayuden a trabajar en el campo, que cuiden el ganado y transmitan el apellido de la familia. Por lo tanto, la infertilidad es la peor de las maldiciones para una mujer casada. Desdichadamente, Ana es estéril, no ha dado luz a ningún hijo.

Breve resumen

Ana es un hermoso ejemplo de cómo las circunstancias desagradables pueden traer maravillosas consecuencias. La otra esposa de Elcana, Penina, se burlaba constantemente de Ana por no tener hijos. Estas burlas se produjeron durante años. Al final, con el corazón dolorido, Ana fue a la casa del Señor en Silo y prometió que si Dios le daba un hijo, lo dedicaría a Él todos los días de su vida. Dios respondió a su plegaria, y ella llamó a su hijo Samuel, que significa "pedido del Señor". Después que Samuel fue destetado, Ana llevó a su hijito a la casa del Señor y lo dejó allí en manos de Elí, el sacerdote. Año tras año a partir de entonces, ella le llevó a Samuel una túnica nueva cuando iba a Silo a orar. Más tarde sería madre de tres hijos y dos hijas (1 S. 2:21).

Visión general

▸ **La tristeza de Ana:** *1 Samuel 1:1-8*

Ana lleva casada muchos años y no ha tenido hijos, y menos aún varones. En la cultura de aquellos tiempos, la esterilidad era la peor desdicha que le podía ocurrir a una mujer. Por si fuera poco, Penina, la otra esposa de Elcana, que sí tenía hijos, la provoca constantemente. El esposo de Ana intenta consolarla dándole "una parte escogida" de comida, lo cual solo empeora las cosas con su otra esposa.

▸ **La súplica de Ana:** *1 Samuel 1:9-18*

Aunque Ana no tiene hijos, no deja de orar. En una ocasión, mientras está orando en la casa del Señor en Silo, su pena se hace especialmente intensa, y empieza a llorar mientras ora. Promete que si Dios le da un hijo, ella lo pondrá al servicio del Señor. Mientras ora moviendo los labios, pero sin hablar, Elí, el sacerdote, la ve y pensando que está borracha la reprende. Ana protesta que es inocente y le cuenta todas sus penas a Elí. Al darse cuenta de que su deseo de tener un hijo es muy intenso y que tiene un espíritu de sacrificio —ya que no pide nada para ella—, Elí le asegura que su oración ha sido escuchada. Ana se levanta de allí con una confianza renovada en Dios y cambia de actitud; su tristeza ha desaparecido.

▸ **El hijo de Ana:** *1 Samuel 1:19-28*

Ana regresa a casa, confiando en que Dios responderá a su plegaria. Efectivamente, antes del viaje del año siguiente a la casa del Señor, Ana da a luz un hijo. Cuando llega el momento de ir, Ana lleva al pequeño

Samuel con ella, su único hijo; se lo entrega a Elí en Silo y lo deja allí.

▸ **La canción de Ana:** *1 Samuel 2:1-10*

De pie con su hijo ante Elí, Ana canta una canción de agradecimiento que compite con todas las de las Escrituras. Aunque sus primeras plegarias surgían de su amargura (1:10), esta oración de alabanza surge del gozo. Hace una canción en la que expresa toda su gratitud a Dios por su bondad. El contenido de esta canción más tarde será la base del Magníficat que ofrece María, la madre de Jesús, al mismo Dios del pacto (Lc. 1:46-55).

▸ **El sacrificio de Ana:** *1 Samuel 2:11*

Ana quería un hijo por encima de todo, y cuando Dios le da uno, ella cumple su promesa y se lo entrega al Señor. Su sacrificio es recompensado por Dios con el nacimiento de cinco hijos más. En cuanto a Samuel, crece reflejando el espíritu de oración y la piedad de su madre. Se convierte en un hombre de oración que intercede por el pueblo de Dios todos los días de su vida.

Retrato

Ana es una de las mujeres hebreas más nobles que se mencionan en la Biblia. Era una mujer de fe excepcional y profundo compromiso. Su oración de gracias reconocía el poder de Dios y la certeza de su justicia final. Expresaba la fe en el poder del Padre para mantener su promesa y el gozo por la respuesta a sus oraciones. También desprendía agradecimiento. La canción de gracias de Ana contiene la primera mención al futuro rey profetizado como "su Ungido" (2:10). Su oración revela una comprensión poco común de lo divino, en un tiempo en el que muchos parecían saber poco de Dios ni tener deseos de servirlo.

Enseñanzas de Ana para la vida

Ana nos enseña a orar por las penas de la vida. Ana sufría insoportablemente, lo cual le hizo acudir a Dios en oración. Empezó a orar con el corazón oprimido, pero terminó orando con el corazón esperanzado. Orar hará eso mismo por usted. La oración pasa la carga que lleva sobre sus espaldas a las fuertes espaldas del Señor. Explíquele sus preocupaciones, porque Él se preocupa por usted.

Ana nos enseña que hay que tomarse el tiempo necesario para dar forma a la vida de nuestros hijos. Ana estuvo poco tiempo con Samuel. Durante este breve tiempo, ella le infundió mucha sabiduría y conocimiento sobre Dios; lo suficiente para conducirlo hacia una vida de devoción a Él. Nunca es demasiado pronto para empezar a entrenar a sus hijos en los caminos del Señor.

Ana nos enseña a ser firmes en nuestras promesas. Ana podía haberse buscado muchas excusas para no entregar a su bebé, su único hijo. Pero no parece dudar al cumplir su promesa de dedicar a Samuel al servicio de Dios. Cumpla sus promesas, no importa si se las ha hecho a Dios o a cualquier persona.

Entender la persona de Dios
Con la oración de Ana (1 S. 2:1-10)

Dios es Salvador: "...me alegré en tu salvación" (v. 1).

Dios es santo: "No hay santo como Jehová..." (v. 2).

Dios es fuerte: "...no hay refugio como el Dios nuestro" (v. 2).

Dios lo sabe todo: "...el Dios de todo saber es Jehová" (v. 3).

Dios es poderoso: "...de Jehová son las columnas de la tierra, y él afirmó sobre ellas el mundo" (v. 8).

Dios es cuidadoso: "Él guarda los pies de sus santos..." (v. 9).

Dios es juez: "Delante de Jehová serán quebrados sus adversarios..." (v. 10).

Samuel

El último juez

Entonces dijeron los hijos de Israel a Samuel: No ceses de clamar por nosotros a Jehová nuestro Dios, para que nos guarde de la mano de los filisteos.

1 SAMUEL 7:8

&

Característica más notable: Hombre de fe y oración
Hecho más destacado: Supervisar la transición desde los jueces hasta la monarquía
Época: 1105-1030 a.c.
Nombre: *Samuel*, que significa "nombre de Dios"
Texto principal: 1 Samuel 1—8

Contexto

Cuando Samuel aparece en escena, Israel está en un punto bajo de espiritualidad. Los sacerdotes están dirigidos por Elí, un hombre bienintencionado que, como padre, es incapaz de controlar a sus propios hijos corruptos. Políticamente, las diferentes tribus de Israel tienen cada una su propio líder. A veces, durante épocas muy difíciles, Dios proporciona jueces para que sirvan de líderes, pero en general las tribus no trabajan unidas como una nación. Por lo tanto, las personas son fácilmente controlables por otras naciones, como los filisteos, que dominan el uso del hierro y su suministro, lo cual les da una gran ventaja en el terreno militar. Además, el arca del pacto, construida por Moisés, había sido sacada de forma irreverente del tabernáculo y se había permitido que cayera en manos de los filisteos. La idolatría estaba muy extendida.

Breve resumen

A lo largo de su vida, Samuel se convertirá en el juez más grande de Israel, y también en sacerdote y profeta. Durante sus años de juez, las tribus que tenían poca conexión entre sí son capaces de conseguir y mantener un grado de independencia frente a sus mayores enemigos: los filisteos. Dios da a Samuel la responsabilidad de supervisar la transición desde una asociación poco firme entre tribus hasta un reino unificado gobernado por un solo rey. Samuel unge a Saúl como primer rey de Israel y lo sirve como consejero durante los primeros años de su reinado. Cuando Saúl deja de obedecer a Dios, Samuel es enviado por Jehová a ungir a David como sucesor de Saúl.

Visión general

▸ **La herencia de Samuel:** *1 Samuel 1:1—2:11*

Ana, la madre de Samuel, es una de las dos esposas de Elcana, un miembro de la tribu de Leví. Al proceder de un linaje de sacerdotes, Samuel está cualificado para realizar legalmente sacrificios como sacerdote.

▸ **Los primeros años de Samuel en el tabernáculo:** *1 Samuel 2:12—3:18*

Cuando Ana trae a Samuel al tabernáculo, él queda bajo la tutela de Elí, el sacerdote. Incluso siendo niño, Samuel "...ministraba en la presencia de Jehová..." (2:18). Está en contacto diario con los sacrificios y las ofrendas. Pero también está expuesto a las prácticas corruptas de los dos hijos de Elí. Una de las primeras tareas de Samuel, aun siendo muy joven, es informar a su mentor, Elí, que Dios ha juzgado a su familia porque no ha sido capaz de controlar a sus malvados hijos.

▸ **Samuel convoca a todo Israel:** *1 Samuel 7:1-9*

Después de la muerte de Elí y de sus hijos como consecuencia del juicio de Dios, Samuel se convierte en el líder espiritual reconocido de Israel. El pueblo sabe que él tiene una relación cercana con Dios. Están motivados a volverse al Señor porque saben que Samuel orará por ellos si ellos regresan. Tienen confianza en el poder de sus oraciones.

▶ Samuel dirige a Israel hacia la victoria: *1 Samuel 7:10-14*

Uno de los papeles de los jueces del antiguo Israel era liberar al pueblo de Dios de sus opresores. Samuel demuestra ser ese tipo de líder cuando ora por las personas, y estas se llenan de valor. Pelean con los invasores filisteos, y Dios les concede la victoria. Los filisteos no vuelven a amenazar a Israel hasta el final de la vida de Samuel.

▶ Los celos de Samuel por el honor de Dios: *1 Samuel 8:1-22*

Durante la etapa de los jueces, se pensaba en Dios como rey de Israel. Israel era una teocracia, una nación dirigida por Dios. Cuando Samuel ya es anciano, trata de hacer que sus hijos sean jueces. Por desdicha, estos no habían seguido los pasos de su padre y resultaron corruptos e impíos. Israel los rechaza y pide un rey humano, como los que tienen las naciones de alrededor. Samuel trata de desalentar esta petición por considerarla una mala idea, pero al final Dios le dice al profeta que haga lo que pide el pueblo. Ellos no habían rechazado a Samuel, sino a Dios.

▶ Samuel unge a los primeros reyes de Israel: *1 Samuel 9—16*

Dios señala claramente a Saúl como el hombre que Samuel debe ungir como rey. Saúl era impresionante, literalmente: de hombros arriba sobrepasaba a cualquiera. Aunque Saúl va a ser el sucesor de Samuel, este le tiene mucho afecto. Pero Saúl rápidamente demuestra ser una gran decepción, desobedeciendo los mandatos de Dios en varias ocasiones. Finalmente, Dios envía a Samuel con un mensaje para Saúl diciéndole que el Señor lo ha rechazado. Después lo envía a Belén y a la casa de Isaí, donde unge al joven David como sucesor de Saúl.

▶ La muerte de Samuel: *1 Samuel 25:1*

Samuel lamenta los rebeldes intereses egoístas de Saúl. Él siempre había puesto en primer lugar los intereses de su pueblo y se siente desconsolado al ver las debilidades de su sucesor. Samuel no tardó mucho en morir después que Saúl fue rechazado por Dios. La muerte de Samuel, el último de los jueces, fue el fin de una etapa que duró 350 años desde la conquista con Josué hasta el establecimiento de la monarquía. La influencia de Samuel estaba tan extendida que todo Israel se reunió para llorar su muerte.

Retrato

La bondad de Samuel y su compromiso se gestaron incluso antes de su nacimiento, cuando su madre Ana dedicó a su hijo al Señor antes de nacer. La pasión de Ana por Dios y su promesa sin duda se transmitió a Samuel durante los dos o tres primeros años de su infancia, antes de ser dejado al servicio de Dios en el tabernáculo. Desde su juventud, las palabras proféticas de Samuel se cumplieron, y se convirtió en un auténtico portavoz de Dios. Era un hombre que no cesaba de orar por el pueblo (1 S. 7:5, 8). Su deseo más ardiente era que los israelitas regresaran al Señor. Su cercana relación con Dios daba a las personas mucha confianza para regresar al servicio de Jehová. Cuando Samuel oró, Israel ganó confianza, y Dios les proporcionó una gran victoria contra sus enemigos, los filisteos. A lo largo de su vida, Samuel estuvo firmemente comprometido con Dios. En todo lo que hacía, demostraba ser un hombre de fe y oración. Tuvo una destacada influencia sobre su pueblo a la hora de hacer la transición hacia una nueva forma de gobierno.

Enseñanzas de Samuel para la vida

Los padres tienen una gran influencia. Ana dedicó su hijo a Dios antes de que naciera y se pasó los tres primeros años de la vida de este preparándolo para servir a Dios. Su amor, sus oraciones y sus plegarias tendrán una gran influencia en la dirección espiritual de sus hijos. Debe ver la formación espiritual de ellos como su llamamiento más importante. Al igual que Ana, comience la educación de sus hijos lo antes posible.

El desarrollo espiritual se nutre del contacto con la alabanza. Samuel pasó gran parte de su vida ministrando y observando los muchos actos de alabanza que se realizaban en el tabernáculo. Cuanto antes enseñe a sus hijos sobre Dios y cuanto antes los ponga en contacto con el pueblo de Dios en su iglesia local, más dispuestos estarán ellos a responder cuando Él les hable a través de las predicaciones y las enseñanzas que se imparten en la iglesia.

El crecimiento espiritual implica elecciones personales. Samuel estaba en contacto con las piadosas acciones de Elí, pero también con las impías actuaciones de los dos hijos de Elí. Samuel eligió mantenerse firme ante Dios. Ustéd también tiene elecciones que hacer respecto a su nivel de compromiso con Dios. Elija seguirlo, y madurará espiritualmente.

Más hechos sobre Samuel

- Los hijos de Samuel eran Joel y Abías.
- Momento más alto: el pueblo regresa al Señor.
- Momento más bajo: el pueblo rechaza a Dios como su rey.

Saúl

El primer rey de Israel

*Porque como pecado de adivinación es la rebelión, y
como ídolos e idolatría la obstinación. Por cuanto tú
desechaste la palabra de Jehová, él también
te ha desechado para que no seas rey.*
1 SAMUEL 15:23

&

Característica más notable: Fuerte apariencia externa
Hecho más destacado: Mantuvo el reino unido
Época: vivió 70 años (reinó 40 años, 1051-1011 a.c.)
Nombre: *Saúl*, que significa "pedido"
Texto principal: 1 Samuel 9—31

Contexto

La pequeña nación de Israel está creciendo. El profeta Samuel ha
llevado al país a una renovación espiritual. Sus oraciones y compromiso
con Dios han inspirado al pueblo para vencer a los filisteos invasores.
Ahora, todos tienen un sentimiento de orgullo patriótico y quieren un
cambio. Creen que un rey les dará ventaja en la batalla. Rechazan a los
hijos corruptos de Samuel como líderes y piden un rey humano, como
los que tienen las naciones que hay alrededor. Samuel está molesto,
no por sí mismo, sino por el honor de Dios. Hasta ahora, Israel había
sido dirigido por Jehová a través de los jueces. Sin embargo, Él le
dice a Samuel que dé un rey al pueblo. Samuel es el encargado de
ungir al primer rey de la nación, un hombre de 30 años llamado Saúl,
perteneciente a la tribu de Benjamín.

Breve resumen

Saúl es justo lo que quiere el pueblo: un hombre físicamente impresionante que sobrepasa a todos los demás en estatura. Tras su coronación, muy pronto consigue victorias militares con lo que se gana el apoyo del pueblo. Pero demasiado pronto, empieza a derrumbarse bajo las presiones del liderazgo. Este cambio se produce por la incapacidad de Saúl para confiar en Dios y su desobediencia hacia Él. Samuel intenta trabajar con Saúl. No es que este no supiese hacer bien las cosas, es que no las hacía. Aunque Dios rechazó a Saúl como gobernante, este continuó en el cargo, siguió siendo rey durante un total de 40 años. Un punto de luz en la vida de Saúl es su hijo mayor Jonatán, que se convirtió en un buen amigo y defensor de David. Jonatán es una fuerza estabilizadora tanto en el palacio como en el campo de batalla. Al final, Saúl y tres de sus hijos, incluido aquel, mueren en una batalla contra los filisteos. Con su rey muerto, el ejército huye vencido del campo de batalla.

Visión general

▶ **Los comienzos de Saúl como rey:** *1 Samuel 9—12*

La tribu más pequeña de Israel, la tribu de Benjamín, proporciona el primer rey a Israel. Saúl tiene unos 30 años y está a cargo del cuidado de los rebaños y el ganado de su padre. Mientras está fuera buscando ovejas perdidas, se encuentra con Samuel y es ungido como rey por él, ya que Dios le había dicho el día anterior que Saúl era el hombre que había elegido para ser rey. Saúl pasa su primera prueba militar derrotando al ejército de los amonitas. Aprovechando la popularidad de Saúl, Samuel reúne al pueblo y lo alienta a renovar su pacto con Dios.

▶ **Los actos de desobediencia de Saúl:** *1 Samuel 13; 15*

En su segundo año como rey, Israel sufre una nueva amenaza, esta vez por parte de los filisteos, que tenían un ejército mucho más grande con carros, jinetes y soldados. Saúl trata de conseguir rápidamente hombres para la batalla, y unos 3000 responden a su llamada. Antes, Samuel le había pedido a Saúl que se reuniera con él en siete días para que pudiera ofrecer sacrificios al Señor. En el séptimo día, Samuel no ha llegado aún. Temiendo una posible derrota, ya que cada vez desertaban más hombres, Saúl decide ofrecer él mismo el sacrificio, aunque no es sacerdote. Poco después llega Samuel y condena a Saúl por actuar "locamente" (v. 13). Luego anuncia que a la familia de Saúl no se le permitirá continuar la dinastía real.

Samuel después envía a Saúl a eliminar a un grupo llamado los amalecitas y a sus rebaños. En contra de lo que Dios le había ordenado, Saúl permite que el rey viva y se queda con algún ganado y otras cosas de valor como botín. Cuando Samuel le echa esto en cara, Saúl primero miente y dice que había planeado ofrecer ese ganado para realizar sacrificios. Después se excusa a sí mismo diciendo que su temor al pueblo de Israel le había hecho actuar así. Finalmente Saúl admite que ha pecado contra el Señor y pide que su pecado sea mantenido en secreto. En lugar de hacer una humilde confesión ante la nación, Saúl pide a Samuel que lo honre ante el pueblo (1 S. 15:30). Samuel lo reprende de nuevo.

> ▶ **Inestabilidad de Saúl:** *1 Samuel 16:14-31*

Con el rechazo de Saúl y el ungimiento de David, el Espíritu de Dios se aleja de Saúl, y un espíritu oscuro se apodera de él. Siente celos de David, que ahora es uno de sus oficiales, y trata de matarlo. David huye para salvar su vida. En su paranoia, Saúl teme a David y trata de matarlo en numerosas ocasiones. Hacia el final de su vida, con Samuel ya muerto y ante el silencio de Dios, Saúl acude a una adivina en busca de respuestas. Para sorpresa de la adivina, el espíritu de Samuel aparece milagrosamente e informa a Saúl que su desobediencia le ocasionará la muerte a él y a sus hijos en la siguiente batalla. Tal como predice el espíritu de Samuel, Saúl y sus tres hijos mayores mueren al día siguiente.

Retrato

La vida de Saúl es un triste ejemplo de las consecuencias de no arrepentirse del pecado. Cuando encontramos por primera vez a Saúl, él es físicamente un hombre impresionante. Después de ser ungido, el Espíritu de Dios viene a él, y al principio, él disfruta del éxito. Pero después comienza a tomar malas decisiones, culpando a otros de sus actos y actuando por miedo e intereses egoístas. Cuando

Samuel le echa en cara su comportamiento, él se niega a arrepentirse. En consecuencia, Dios le retira sus bendiciones y su Espíritu. Ahora a la deriva espiritual, Saúl se hunde más en los celos, el temor, la paranoia, la desobediencia y, al final, el suicidio: la última expresión de la condición infiel de Saúl.

Enseñanzas de Saúl para la vida

La vida de Saúl muestra la importancia del carácter interior. En su aspecto externo, Saúl parecía un rey, pero en su interior, tenía numerosos fallos. La vida de Saúl le recuerda que no debe obsesionarse con su apariencia externa. Más bien, debe obsesionarse desarrollando su personalidad interior, su carácter. Lea la Palabra de Dios y pídale que elimine de usted todos los malos hábitos de su vida diaria y, en su lugar, le infunda hábitos buenos.

La vida de Saúl muestra la importancia de la obediencia. Saúl no quería hacer las cosas a la manera de Dios. Él siempre tenía una idea mejor y, cuando alguien le hace ver su error, siempre tiene excusas y justificaciones para sus actos equivocados. Dios no quiere que usted se excuse ni racionalice las cosas. ¿Hay alguna área de su vida en la que no se esté sometiendo a la regla de Dios? El Señor quiere obediencia completa; ¡désela ahora mismo!

La vida de Saúl muestra la importancia de la confesión. La caída de Saúl comienza cuando no confiesa su pecado. La confesión es estar de acuerdo con Dios en que, de alguna manera, no se han cumplido sus criterios perfectos. No deje que el pecado sea un obstáculo en su vida. Para seguir siendo útil a un Dios santo, es necesario confesar continuamente los pecados.

Más datos sobre Saúl

Primer rey de Israel, de la tribu de Benjamín.

Vivió 70 años.

Padre: Cis.

Esposa: Ahinoam.

Hijos: Jonatán, Abinadab, Malquisúa e Is-boset.

Hijas: Merab, Mical (primera esposa de David).

David

El dulce salmista de Israel

*Quitado éste [Saúl], [Dios] les levantó por rey a
David, de quien dio también testimonio diciendo: He
hallado a David hijo de Isaí, varón conforme a mi
corazón, quien hará todo lo que yo quiero.*
HECHOS 13:22

☙

Característica más notable: Corazón para Dios
Hecho más destacado: Unificó Israel
Época: 1040-970 a.c. (vivió 70 años)
Nombre: *David*, que significa "amado"
Texto principal: 1 Samuel 16—1 Reyes 2

Contexto

Tras la muerte de Saúl, David es coronado rey por la tribu de Judá,
que estaba en la zona sur de Israel. Después de siete años de guerra
civil, David es ungido rey de todo Israel. Durante su reinado, los
grandes imperios de Egipto al sur, y Babilonia y Asiria al norte van
pasando por estados de debilidad. No representan una amenaza para
Israel durante los 40 años de reinado de David. Las únicas amenazas
reales son los filisteos al oeste y los amonitas al este.

Breve resumen

David, como su predecesor Saúl, es de origen humilde. No obstante
se levantará para convertirse en el rey más grande de la historia
de Israel. Es líder de nacimiento y forja un ejército que hace que la

pequeña nación de Israel se convierta en el reino más poderoso del Oriente Medio en su época. Hace de Jerusalén la capital política y el centro religioso de la nación, y lleva el arca de Dios allí. Tiene el talento de un poeta; 73 de sus poemas están incluidos en el libro de los Salmos. A pesar de sus excelentes dones y habilidades, David cae en la tentación y peca. Dios lo perdona, pero su familia y su reino nunca se recuperan de las consecuencias de su pecado de adulterio con Betsabé.

Visión general

▶ David, el pastor: *1 Samuel 16*

David es el más joven de los ocho hijos de Isaí y vive en Belén, a casi 10 km de Jerusalén, la futura ubicación de la capital de David. Como hijo menor, se le asigna la labor de vigilar las ovejas. En estos primeros años, mientras está solo en los campos día y noche, David adquiere una gran reverencia hacia Dios. Este respeto por Dios como Creador a menudo se encuentra en sus salmos, como el Salmo 19. Durante estos días como pastor, Samuel unge a David, que es todavía un adolescente, como segundo rey de Dios. Saúl sigue siendo el rey, pero Dios lo ha rechazado, y su Espíritu lo ha abandonado para posarse poderosamente sobre David.

▶ David, el héroe militar: *1 Samuel 17—18*

La invasión filistea a Israel hace que David tenga que ir al frente de batalla con suministros para sus hermanos mayores, que forman parte del ejército de Saúl. Cuando David llega, le extraña que nadie, ni siquiera el rey, quiera luchar contra el campeón de los filisteos, un gigante de unos 2,70 m llamado Goliat. David acepta el reto, mata al gigante con una sola piedra de su honda y, desde ese día, demuestra continuamente su valentía y brillantez en su carrera militar. Jonatán, el hijo mayor de Saúl, entabla una amistad profunda con David durante el ascenso en popularidad de este. El pueblo alaba tanto a David que Saúl empieza a sospechar y a sentir celos de él.

▶ David, el proscrito: *1 Samuel 19—31*

Con cada éxito de David, Saúl se vuelve más y más celoso. Aunque ahora David es el yerno de Saúl, ya que se ha casado con la hija de este,

Mical, Saúl intenta matarlo. Con la ayuda de Mical y Jonatán, David huye para salvar su vida. Durante los siguientes años, hasta su muerte, Saúl persigue a menudo a David. Hay muchas huidas y escapadas. Como tiene espíritu de líder, David reúne una banda de unos 600 hombres fieros y sus familias. Al final, estos hombres se convertirán en el núcleo del ejército de David cuando él llega a ser rey.

▸ David, el rey de Judá: *2 Samuel 1—4*

Con la muerte de Saúl y de sus tres hijos, Jonatán entre ellos, David es nombrado rey de Judá, su tribu de origen. Ahora tiene 30 años. Uno de los hijos más jóvenes de Saúl, Is-boset, es declarado rey del norte, pero tarda unos cinco años hasta que todos los pueblos de las tribus del norte lo consideren su rey. Reina dos años, después es asesinado por sus propios hombres.

▸ David, el edificador de un reino: *2 Samuel 5—10*

Todo Israel se une y unge a David como rey, quien había reinado durante siete años en Judá, y reinará 33 en Israel. Su primer acto como rey es establecer una nueva capital: Jerusalén. Durante el proceso de vencer a todos los enemigos de Israel, David amplía los límites del país diez veces. También organiza el gobierno de la nación y trae el arca del pacto, el objeto más santo de la religión de Israel, a Jerusalén.

▸ Los años de declive de David: *2 Samuel 11—24; 1 Reyes 2:10*

La fe y la confianza de David en Dios lo llevan a la cima del éxito. Es el hombre más poderoso de la región. Pero sin más retos que afrontar, un letargo parece adueñarse de David. En lugar de salir fuera y emprender una nueva batalla, decide quedarse en Jerusalén. Un día cuando camina por el terrado de su casa real, ve a una hermosa mujer bañándose abajo. Manda que la vayan a buscar y comete adulterio con ella, después trata de ocultar su pecado matando al esposo de la mujer.

Un año más tarde, David finalmente se arrepiente cuando es amonestado por el profeta Natán. Dios perdona a David, pero su inmoralidad tendrá un efecto devastador sobre su familia. Uno de sus hijos viola a su medio hermana, y después es asesinado por el hermano de ella, que más tarde liderará una rebelión que fuerza a David a huir de Jerusalén antes de que el hijo muera en la batalla.

En sus últimos años, David utiliza sus energías y riquezas en preparar la construcción de un templo permanente que reemplace el tabernáculo, que ha sido un lugar móvil de adoración a Dios durante los tiempos del éxodo y en los años posteriores. El acto final de David como rey es hacer que su hijo Salomón sea ungido rey. Después muere en su cama a la edad de 70 años.

Retrato

La vida de David está llena de contradicciones:

* Por una parte, David era un hombre profundamente espiritual con un corazón tierno hacia Dios, que se pasaba mucho tiempo orando, alabando al Señor y escribiendo salmos de alabanza. Por otra parte, era un genio militar que se pasó la mayor parte de su vida luchando y matando enemigos.

* Por una parte, David estaba muy comprometido con su lealtad hacia Saúl, a pesar del peligro que esto suponía para él. Por otra parte, no le preocupaba la explotación que hacía de las mujeres de su vida.

* Por una parte, David sentía grandes deseos de honrar a Dios y guiar al pueblo en adoración. Por otra parte, era un padre que no se involucraba en la vida de sus hijos y era incapaz de controlarlos, de guiarlos o de disciplinarlos.

¿Cómo debemos entender la vida contradictoria de David?

Primero, es necesario que entendamos que el gran David era simplemente un hombre como los demás, con la misma naturaleza pecadora que todos tenemos. Cuando leemos sus salmos, vemos su lucha entre lo que sabe que es correcto y su incapacidad para llevar a cabo ese deseo. Nosotros también experimentamos ese tipo de lucha interior.

Segundo, Dios entendía la naturaleza imperfecta del amor de David hacia Él. Es obvio que Dios no buscaba la perfección. Más bien, buscaba el progreso. Por esto, miró dentro del corazón de David y vio un hombre que a menudo fracasaba, pero que todavía seguía deseando sinceramente obedecerlo.

Enseñanzas de David para la vida

Una relación profunda con Dios tarda tiempo en establecerse. David se pasó muchas horas vigilando los rebaños de su padre, lo cual le permitió tener tiempo para meditar sobre Dios y alabarlo. Más tarde, escribió poemas (salmos) sobre esta relación que fue madurando poco a poco. Si usted quiere conocer mejor a Dios, también debe pasar tiempo alabándolo de forma personal y colectiva.

Los buenos amigos estarán a nuestro lado en los malos momentos. David y Jonatán desarrollaron una profunda amistad que fue muy edificante para ambos. Su amistad se caracterizó por la lealtad, el amor y la confianza. Esta relación tan cercana les ayudó a sobrevivir en los malos momentos. Desarrolle y proteja esas relaciones de amistad que le resultan edificantes, lo animan y lo alientan en su caminar con Dios. Busque verdaderos amigos que sean leales, afectuosos y dignos de confianza.

Nadie es inmune a la tentación. La caída de David se produce tras haber experimentado años de grandes éxitos, y esto es lo que probablemente debilitó su dependencia de Dios. La tentación siempre está agazapada esperando su oportunidad para saltar sobre nosotros y hacernos fracasar. Nunca piense que ya no necesita la ayuda de Dios en su vida diaria. Cada día usted necesita más a Dios.

La confesión del pecado es el primer paso para la regeneración. Tras su pecado con Betsabé, el corazón no arrepentido de David lo estaba destruyendo físicamente. Su profundo sentimiento de culpa se describe en el Salmo 32. Tras su arrepentimiento, como se expresa en el Salmo 51, el corazón, la salud y la alegría de David regresan a él. Cuando usted se arrepienta de sus pecados y pida perdón a Dios, experimentará una regeneración espiritual y física. No permita que el pecado se adueñe de su vida. Confiese rápidamente, y rápidamente se sentirá regenerado.

Ser padres exige involucrarse. David era un hombre importante, ocupado y de éxito. Estaba en lo más alto de su profesión. Pero fracasó como padre, en parte por su falta de atención hacia las necesidades de sus hijos. Ser padres es una responsabilidad que requiere tiempo y esfuerzo. Pero las recompensas son maravillosas cuando uno ve a sus hijos madurar lo suficiente como para tomar las decisiones adecuadas. Esperemos que hagan la mejor elección de todas: elegir a Jesús como su Señor y Salvador.

La vida de David	La vida de Saúl
Fue un buen rey (2 S. 7:8-16)	Fue el rey del pueblo (1 S. 10:23)
Fue un hombre conforme al corazón de Dios (Hch. 13:22)	Fue un hombre que buscó la alabanza del pueblo (1 S. 15:30)
Su reinado es para siempre (2 S. 7:12-13)	Su reinado fue breve (1 S. 15:28)
Fue bueno y generoso (2 S. 9)	Fue cruel (1 S. 22:16-19)
Fue misericordioso (1 S. 26)	Fue inmisericorde (1 S. 14:24-44)
Se arrepintió (2 S. 12:13)	No se arrepintió (1 S. 15:10-31)
Fue valiente (1 S. 17)	Fue temeroso (1 S. 17:11)
Poseía el Espíritu de Dios (1 S. 16:13)	Fue desechado por Dios (1 S. 16:14)

Salomón

El hombre más sabio de la Tierra

*...he aquí que te he dado corazón sabio y entendido,
tanto que no ha habido antes de ti otro como tú, ni
después de ti se levantará otro como tú.*

1 REYES 3:12

☖

Característica más notable: El hombre más sabio de la
Tierra
Hecho más destacado: Construyó el primer templo
permanente
Época: Reinó 40 años, 971-931 a.c.
Nombre: *Salomón*, que significa "pacífico"; también llamado
Jedidías, "amado del Señor", por Natán el profeta (2 S. 12:25).
Textos principales: 1 Reyes 1—11; 2 Crónicas 1—9

Contexto

Tras la muerte del rey David, el manto de líder pasa a Salomón, el
segundo rey de la dinastía davídica en Israel. Dios promete que su
dinastía no tendrá fin (2 S. 7:13). Salomón hereda un reino estable y
bien organizado. Ninguna de las naciones de los alrededores es lo
suficientemente fuerte como para suponer una amenaza o causar
problemas. Salomón extiende su control desde Egipto hasta el río
Éufrates. Durante su reinado de 40 años, la región está en paz, con
solo algunas rebeliones sin importancia.

Breve resumen

Salomón es el tercer rey de Israel y el hijo de David y Betsabé. Su reinado de 40 años hace que la nación tenga una importante influencia en la zona. Su sabiduría es conocida a lo largo y a lo ancho. Es el hombre más sabio de su tiempo y escritor de numerosos proverbios. Es un constructor muy activo, no solo del templo, también de palacios para sí mismo y para sus muchas esposas. Posee un gran ejército de carros, pero a través de la diplomacia, se mantiene en paz con las naciones que lo rodean. Es el único rey hebreo con una flota de barcos comerciales. Aunque es rico más allá de lo imaginable, el reino siempre necesita dinero para el estilo de vida lujoso de Salomón y sus proyectos de construcción. Para conseguir dinero, impone fuertes impuestos a sus súbditos.

Visión general

▶ **La subida al poder de Salomón:** *1 Reyes 1—2:12*

La subida al trono de Salomón no está libre de incidentes. David no ha reconocido a Salomón como su heredero, así que el siguiente hijo en la línea sucesoria, Adonías, empieza a hacer sus preparativos para su propia coronación cuando David está moribundo.

Natán, el profeta, y Betsabé, la madre de Salomón, le recuerdan a David su promesa de hacer de Salomón el nuevo rey. El rey David da instrucciones para la investidura de Salomón y lo sella con una promesa. Adonías, que sigue deseando el trono para sí, propone a Betsabé que le dé por esposa a Abisag, la sirviente de David. Esto se considera una amenaza para Salomón, que manda matar a Adonías y a Joab, el general militar de David que había apoyado la subida al trono de aquel. Con estas patentes amenazas fuera de su camino, Salomón reina sin rival alguno.

▶ **La sabiduría de Salomón:** *1 Reyes 3:5-28*

Al darse cuenta de la enormidad de su tarea como rey, Salomón elige un "corazón entendido" (v. 9) cuando Dios le pregunta en un sueño qué es lo que más desea. El posterior incidente con dos mujeres que reclaman ser la madre del mismo hijo nos da un ejemplo del tipo de sabiduría que hace que Salomón sea respetado y temido por su justicia.

El veredicto de Salomón: cortar el bebé por la mitad y dar una parte a cada una de las mujeres. La mujer que se negó a eso fue considerada la madre, y a ella le fue entregado el bebé. La sabiduría de Salomón lo inspiró para recolectar y componer miles de proverbios y canciones (1 R. 4:32). Muchos de sus dichos sabios están conservados en el libro de Proverbios. También escribió el Cantar de los Cantares, un libro poético que enaltece el amor en el matrimonio.

▶ El templo de Salomón: *1 Reyes 6*

El rey David había pasado los últimos años de su vida reuniendo los materiales para construir un gran templo para alabar a Dios. Luego encarga a Salomón que lleve a cabo esa tarea. Los fundamentos se colocan en el año 965 a.c., 480 años después del éxodo de la nación desde Egipto, y el templo se termina siete años y seis meses más tarde. El templo fue un lugar de culto hasta que fue destruido por las fuerzas babilónicas al mando del rey Nabucodonosor en el 587 a.c.

▶ La riqueza de Salomón: *1 Reyes 10*

El comercio de mercancías fue uno de los puntos fuertes del rey Salomón. Con la posición estratégica de Israel como tierra puente entre Egipto y Asia, Salomón comienza a controlar las rutas de las caravanas. También construye barcos que monopolizan las rutas marítimas. Los ingresos anuales de Salomón eran 25 toneladas de oro. Debido a su riqueza, la plata no tenía ningún valor durante su reinado (v. 21).

▶ La diplomacia de Salomón: *1 Reyes 3:1; 5:1*

Durante el vacío temporal de poder entre las dos superpotencias que eran Egipto y Asiria, Salomón fue capaz de mantener e incluso expandir el gran imperio heredado de su padre. Lo consigue haciendo alianzas de amistad con las naciones vecinas, a veces sellándolas con matrimonios, y manteniendo un gran ejército que siempre estaba listo para la batalla, aunque nunca realizó ninguna campaña militar importante.

Por su sabiduría y su poder, los reyes y las reinas —como la reina de Sabá— venían a presentar sus respetos y a ofrecer regalos (1 R. 10:1-13).

▶ **La debilidad de Salomón:** *1 Reyes 11:1-8*

Casarse con mujeres extranjeras puede haber sido políticamente correcto para Salomón, pero fue un suicidio espiritual. Estos matrimonios trajeron consigo religiones extranjeras que con el tiempo comprometieron las convicciones que Salomón había expresado en su oración en la dedicación del templo (8:23). Para satisfacer a sus esposas, Salomón empezó a adorar a las deidades extranjeras. Esta terrible ruptura del pacto de Salomón con el Señor trajo consigo el castigo tras su muerte. Las semillas de la destrucción han sido plantadas, y el fruto de la desobediencia de Salomón se verá en la división del reino durante el reinado de su hijo y sucesor, Roboam (11:43—12:17).

Retrato

Salomón nació privilegiado: su padre era el rey, y él era el heredero al trono. Tuvo varios encuentros con Dios en sueños. Comenzó muy bien su reinado pidiéndole sabiduría para gobernar en lugar de riquezas o una larga vida. Dios estuvo complacido con su petición y le dio sabiduría, y también riqueza. Salomón cumplió la petición de su padre de construir el templo. Su oración en la dedicación del templo reveló un corazón conforme a Dios. En esa dedicación, también alentó al pueblo de Israel a seguir las leyes de Dios (1 R. 8:61). Pero a diferencia de su padre David, Salomón no guardó su compromiso con Dios toda la vida. En sus últimos años, sus esposas extranjeras hicieron que se fijara en otros dioses. En el libro de Eclesiastés, Salomón revela el alto precio personal que tuvo que pagar por su alejamiento de Dios. El libro describe la tristeza y la desesperanza que trae consigo el apartarse del Señor. La vida de Salomón empezó de forma muy prometedora, pero terminó trágicamente.

Enseñanzas de Salomón para la vida

Hay que desear la sabiduría antes que el conocimiento. Cuando Dios le dio la oportunidad de elegir lo que más deseaba, Salomón pidió sabiduría; no pidió riqueza, ni conocimientos ni una larga vida. La sabiduría es la habilidad para aplicar el conocimiento que se posee y la sensatez para hacer que nuestra vida tenga valor, sea cual fuese su duración. Pida a Dios que le dé sabiduría para tomar las decisiones en su vida diaria.

La verdadera felicidad está en conocer a Dios. El rey Salomón buscó un propósito y un significado para su vida en sus últimos años. Lo intentó todo y lo tuvo todo, y al final concluyó que el verdadero significado sólo está en tener una relación con Dios. Jesús dijo: "...Yo soy el camino, y la verdad, y la vida..." (Jn. 14:6). Si no lo ha hecho todavía, invite a Jesús a formar parte de su vida como Salvador y Señor, y experimente el verdadero significado y propósito de la existencia. Su verdadera felicidad procede de una única fuente: el Señor Jesucristo.

Las malas compañías corrompen la buena moral. Salomón se casó con mujeres extranjeras para su propio disfrute y para forjar alianzas con los países vecinos. En poco tiempo, empezó a hacer concesiones y a comprometer su propia fe. Pida a Dios que le dé sabiduría para buscar sólo las relaciones que lo mantendrán cerca del Señor.

La riqueza de Salomón

Ingresos anuales: 660 talentos de oro (25 toneladas).

Reservas de oro: 200 escudos de oro que pesaban 7,5 libras (unos 3,5 kg) cada uno;

300 escudos de oro que pesaban 3,75 libras (aprox. 1,5 kg) cada uno.

Un trono de marfil recubierto de oro.

Todos los vasos de todos sus palacios eran de oro puro.

La plata se consideraba carente de valor en los días de Salomón.

Elías

Un profeta apasionado

…Jehová Dios de Abraham, de Isaac y de Israel,
sea hoy manifiesto que tú eres Dios en Israel, y que yo
[Elías] soy tu siervo, y que por mandato tuyo
he hecho todas estas cosas.

1 REYES 18:36

☙

Característica más notable: Relación con Dios
Hecho más destacado: Se enfrentó a los sacerdotes de Baal
Época: Alrededor del 875 a.c.
Nombre: *Elías*, que significa "Jehová es mi Dios"
Textos principales: 1 Reyes 17—19; 2 Reyes 1—2

Contexto

Elías vive durante un tiempo estratégico en la vida del reino del norte, Israel. Omri se ha convertido en rey y ha construido su capital en la colina de Samaria. Allí introduce el culto a Baal. Tras su muerte, su hijo Acab da reconocimiento oficial al culto a Baal construyendo un templo para él en Samaria. Animado por su esposa Jezabel, el rey Acab inicia una agresiva campaña para destruir todo culto a Dios y reemplazarlo por el de Baal. Elías es enviado por Dios para censurar a Acab y declarar a la nación que el Señor es Dios y que no hay otros dioses, ni siquiera Baal.

Breve resumen

Elías tisbita procede de una ciudad llamada Tisbe, situada al este del río Jordán. Es un portavoz apasionado enviado por Dios para censurar a los gobernantes hostiles del reino del norte por su culto a Baal, un falso dios cananeo. Elías aparece y demuestra el poder de Dios primero trayendo una sequía de tres años y medio, y después venciendo a 450 profetas de Baal en un encuentro de poder en el monte Carmelo. El pueblo respondió al despliegue de poder de Dios afirmando: "¡Jehová es el Dios!" (1 R. 18:39). Los malvados intentos de Acab y Jezabel de destruir el culto al Señor son desbaratados, y aunque el falso sistema religioso continúa existiendo en Israel, el corazón del pueblo se vuelve hacia Dios, al menos por un tiempo.

Visión general

▶ **Elías predice una sequía:** *1 Reyes 17*

Las primeras palabras dichas por Elías de las que hay constancia son la declaración de una devastadora sequía que acaerá sobre el pueblo de Israel debido a su caída en la idolatría. La sequía durará tres años y seis meses (Stg. 5:17), y demostrará que Baal, el dios de la lluvia y la fertilidad, carece de poder ante el único Dios verdadero. Durante la sequía, el Señor alimenta a Elías con comida que le traen los cuervos y con lo que le ofrece una viuda —con gran sacrificio por su parte—, cuya última ración de harina y aceite se multiplica por milagro, mientras Elías permanece en su casa.

▶ **Elías propone una prueba:** *1 Reyes 18*

Cuando la sequía está llegando a su fin, Dios envía Elías a Acab para proponerle un reto entre Dios y 450 de los 850 sacerdotes de Baal en el monte Carmelo. Elías reúne a todo el pueblo de Israel para que presencie el enfrentamiento entre Baal y Dios. Tras los infructuosos intentos de los profetas de Baal de que cayera fuego del cielo para consumar un sacrificio animal, Elías ora, y el fuego desciende del cielo y consume no solo el sacrificio, sino también las piedras del altar y el agua que lo rodea. Todos responden a la demostración del poder de Dios matando a los 450 falsos profetas. Elías ora nuevamente, y se acaba la sequía, y llega la lluvia (Stg. 5:17-18).

▶ **Elías prospera con la intervención de Dios:** *1 Reyes 19*

Cuando la reina Jezabel se entera de que 450 de sus sacerdotes han sido asesinados, envía una amenaza de muerte al profeta. Aunque Elías acaba de vencer a esos sacerdotes con la ayuda de Dios, ahora se siente aterrorizado, por eso viaja 160 km para salvar su vida. Considerando que su situación es desesperada, Elías le pide a Dios que lo deje morir. Pero Él le proporciona pan y agua, y un toque del Ángel del Señor. Estas cosas le ayudan a sustentarse durante los 40 días que dura su viaje al monte Sinaí, donde Dios...

- le comunica su preocupación: Dios habla con Elías en un "silbo apacible y delicado" (v. 12);
- le proporciona un nuevo compañero de viaje: Eliseo, que será el amigo, compañero y sucesor de Elías (v. 16);
- le encarga una nueva tarea: Elías ungirá a dos reyes que pondrán fin a la malvada familia de Acab (vv. 15-17);
- le ofrece una nueva perspectiva: Elías no está solo, porque 7000 personas no doblaron sus rodillas ante Baal (v. 18).

Retrato

Elías era un hombre dedicado a Dios en una sociedad hostil. Era decidido y valiente, pero también era humano y susceptible al temor y a la depresión. En el momento de su victoria más grande, la confrontación con los 450 sacerdotes de Baal, Elías se asustó con las amenazas de la reina Jezabel. Dios trató la depresión de su profeta de una manera misericordiosa, sin reprenderlo en ningún momento, solo ministrándole y animándolo para que volviera a ser útil.

Elías tuvo sus vacilaciones, pero siempre estuvo dedicado a Dios, quien reconoció esa actitud subiéndolo al cielo en vida en un carro de fuego con caballos de fuego (2 R. 2:11). Elías es la segunda persona que mencionan las Escrituras que fue llevado al cielo sin morir (Enoc fue el primero, Gn. 5:21-24).

Enseñanzas de Elías para la vida

Nunca está solo en la batalla. Por muy solo que se sienta hoy, recuerde que muchos otros amaron a Dios tanto como usted. Elías pensó que él era el único en defender la causa del Padre, pero Él le aseguró que otras 7000 personas de la nación no se habían arrodillado ante los falsos dioses. Usted no está solo. Busque la comunión con otros creyentes como usted en su iglesia local.

Sea valiente incluso en medio de una sociedad sin fe. Armado solo con el valor de Dios, Elías sin ninguna otra ayuda retó a los 450 profetas de Baal. Cuando esté rodeado de incredulidad, sea valiente y hable de Dios. Como en el caso de Elías, usted honrará al Señor con su valentía.

Todos somos susceptibles de sufrir miedo o depresión. Aunque Elías estaba totalmente comprometido con el Señor, tuvo sus momentos de desaliento. Dios lo sustentó, lo animó y lo envió de nuevo a la batalla. El Señor está igualmente comprometido con usted hoy día e, incluso en sus momentos de desaliento, Él conoce su dolor y resolverá sus necesidades.

Vida y milagros de Elías

Ora y llega la sequía (1 R. 17:1).

Es alimentado por cuervos (1 R. 17:1-7).

Él y una viuda son alimentados durante meses con un puñado de harina y un poco de aceite (1 R. 17:8-16).

Resucita al hijo de la viuda (1 R. 17:17-24).

Ora, y el fuego consume un altar y el sacrificio que hay sobre él (1 R. 18:20-40).

Ora, y llega la lluvia (1 R. 18:41-45).

Ora, y el fuego consume a los hombres del rey (2 R. 1:1-17).

Apartó las aguas y caminó por el río Jordán (2 R. 2:6-8).

Es llevado al cielo en un carro de fuego (2 R. 2:9-12).

Eliseo

El profeta del pueblo

*...Elías dijo a Eliseo: Pide lo que quieras que haga por
ti, antes que yo sea quitado de ti.
Y dijo Eliseo: Te ruego que una doble porción
de tu espíritu sea sobre mí.*

2 Reyes 2:9

&

Característica más notable: Compasión por el pueblo
Hecho más destacado: Sucesor de Elías
Época: 867-797 a.c. (vivió 70 años)
Nombre: *Eliseo*, que significa "Dios es salvación"
Texto principal: 1 Reyes 19:16—2 Reyes 13:20

Contexto

Desde la división de Israel en dos reinos, el reino del norte ha tenido
una sucesión de reyes malvados, cada uno peor que el anterior. Dios
juzgará al reino del norte por su pecado de idolatría. Eliseo es llamado
al ministerio profético 120 años antes de que Dios destruya el reino. Su
propósito es restaurar el respeto por Jehová y su mensaje. Esto lo hará
a través de una sucesión de milagros que demuestran que el Señor
controla no solo los grandes ejércitos, sino también los sucesos de la
vida diaria.

Breve resumen

Eliseo tiene un ministerio muy diferente al de Elías. El papel de Elías
era de confrontamiento en tiempos de una gran apostasía. Eliseo, su

sucesor, centra su ministerio y milagros en las necesidades del p̲ ̲ ̲ ̲ ̲ ̲ ̲ del reino del norte, Israel. Los milagros de Eliseo revelan la naturaleza misericordiosa de Dios para con las naciones, los individuos e incluso hacia un general extranjero.

Visión general

Eliseo, el sucesor de Elías, le pide a su mentor "una doble porción" de su espíritu (2 R. 2:9). El propósito de Eliseo al pedir esto es poder continuar con la obra de su maestro. Dios parece haber escuchado la petición porque las Escrituras relatan siete milagros realizados por Elías y 14 realizados por Eliseo. Estos últimos demuestran el deseo de Dios de bendecir a toda la nación si ellos deciden volver de nuevo a Él:

1. Eliseo divide el río Jordán (2 R. 2:14).
2. Eliseo purifica las aguas amargas de los manantiales (2:21).
3. Eliseo maldice a los hombres que ridiculizan a Dios (2:24).
4. Eliseo predice una victoria milagrosa para Israel (3:15-26).
5. Eliseo multiplica el aceite de una pobre viuda (4:1-7).
6. Eliseo promete un hijo a una mujer sunamita (4:14-17).
7. Eliseo resucita al hijo de la sunamita (4:32-37).
8. Eliseo hace comestible un potaje envenenado (4:38-41).
9. Eliseo multiplica panes para alimentar a muchos (4:42-44).
10. Eliseo cura a un buen general enfermo de lepra (5:1-19).
11. Eliseo hace flotar un hacha (6:1-6).
12. Eliseo muestra a su sirviente un ejército de ángeles (6:15-17).
13. Eliseo ciega a un ejército enviado para capturarlo (6:8-23).
14. Eliseo predice el levantamiento del sitio de Samaria y comida en abundancia para el pueblo que se está muriendo de hambre (6:24—7:20).

Retrato

Eliseo tuvo un ministerio menos espectacular que el de Elías, pero no fue menos importante. El ministerio de Eliseo fue para el pueblo, no para los gobernantes. Sus actos son un reflejo de su naturaleza gentil y amable, y sus milagros revelan el amor, el cuidado y la preocupación de Dios por los menos afortunados. Eliseo empezó su ministerio como suplente y sirviente de Elías. Cuando se acercaba el momento de la partida de su maestro, Eliseo pidió una "doble porción" del poder de Elías, no por un deseo de poder o fama. Estaba pidiendo suceder a su mentor en el oficio profético con poderes espirituales superiores a los suyos. Se daba cuenta de las enormes responsabilidades que tenía frente a él y deseaba que la poderosa capacidad de Elías continuara viviendo a través de él. Su petición fue algo noble, y Dios le concedió 50 años más de ministerio dinámico, con una vida que abarcó los reinados desde Acab hasta Joás.

Enseñanzas de Eliseo para la vida

La vida de Eliseo enseña la importancia del compromiso. Desde el momento en que Elías echó su manto sobre Eliseo cuando estaba arando en el campo, este centró su vida en servirlo a él y a Dios. Para demostrar su ruptura con la familia, mató los bueyes con los que estaba arando y dio un festín de despedida para su casa. Puede que Dios no lo esté llamando para hacer un ministerio público, pero le está pidiendo que se dedique a Él en cualquier lugar donde se encuentre. Un compromiso con Dios también significa un compromiso con el pueblo de Dios.

La vida de Eliseo enseña que un discípulo no solo aprende de su maestro, también saca provecho de lo que ha aprendido. Eliseo se convirtió en el compañero constante de Elías y en su segundo. Lo siguió y sirvió por completo. Fue un buen alumno y un buen seguidor, y cuando le llegó el turno de tomar el liderazgo, Eliseo se convirtió en un eficaz reemplazo de Elías. Hoy día, el discipulado es la forma en la que Dios entrena para realizar un servicio eficaz. Busque a alguien que esté sirviendo eficazmente y pida aprender de él. Cuando haya aprendido lo que necesita saber y hacer, aproveche lo que ha aprendido y compártalo con los demás.

La vida de Eliseo demuestra que todos los ministerios son importantes. Eliseo tuvo un ministerio menos espectacular que el de Elías. Pero en el plan divino, fue significativo a la hora de revelar el amor de Dios a su pueblo. Usted ha sido llamado y dotado por el Señor, y no tiene que compararse con los demás o con la amplitud de su ministerio. El papel que usted juega en el plan de Dios ha sido diseñado para usted y lo hace importante. Sea fiel en el cumplimiento de este papel como lo fue Eliseo. Su vida es importante. ¡Vívala de forma sabia!

Más datos sobre Eliseo

- Era de la zona de Galaad, al este del río Jordán.

- Profetizó en el reino del norte.

- Su vida y ministerio en el reino del norte abarcó el reinado de seis reyes (Acab, Ocozías, Joram, Jehú, Joacaz y Joás).

Ezequías

Fiel al Señor en todo

De esta manera hizo Ezequías... y ejecutó lo bueno,
recto y verdadero delante de Jehová su Dios. En todo
cuanto emprendió en el servicio de la casa de Dios,
de acuerdo con la ley y los mandamientos, buscó a su
Dios, lo hizo de todo corazón, y fue prosperado.
2 Crónicas 31:20-21

☘

Característica más notable: Confianza en Dios
Hecho más destacado: Sus oraciones preservaron a Judá de
una invasión
Época: 740-686 a.c. (vivió 54 años)
Nombre: *Ezequías*, que significa "Jehová es mi fuerza"
Textos principales: 2 Reyes 18—20; 2 Crónicas 29—32; Isaías
36—39

Contexto

Cuando Ezequías se convirtió en rey, el gran Imperio asirio estaba intentando conquistar la pequeña nación de Judá. Israel al norte, junto con su capital Samaria, había caído, y sus habitantes habían sido deportados a Asiria. Ezequías hereda una nación en la que la idolatría y la pobreza están muy extendidas. Su padre, Acaz, fue el primer rey en la línea de sucesión de David en instituir el culto pagano en los "lugares altos". Acaz también hizo alianzas con reyes extranjeros y dejó arruinada a la nación pagando tributos a esas potencias en busca de su protección. Le dio la espalda a Dios en todo momento.

Breve resumen

Al año de subir al trono, Ezequías comienza una agresiva campaña para deshacer todo el daño espiritual hecho por su padre. Reabre el templo, elimina el culto pagano de los lugares altos, destruye los pilares sagrados y las imágenes idólatras, y reinstituye las fiestas religiosas. Se niega a someterse a Asiria, y cuando esta invade Judá, Ezequías ora, y Dios interviene milagrosamente. Ezequías después enferma, pero el Señor responde a su oración de devoción y le concede 15 años más de vida. Dios continúa bendiciendo la devoción de Ezequías, y Judá se convierte en una nación próspera. La fama de este rey hace que él se convierta en un hombre orgulloso que muestra alocadamente las riquezas de la nación al hijo del rey de Babilonia. Es reprendido por el profeta Isaías por mostrar tan poco juicio. Tras la muerte de Ezequías, su hijo Manasés, reina en su lugar.

Visión general

▶ **Ezequías se centra en el culto:** *2 Crónicas 29—31*

En el primer año de su reinado, Ezequías reabre para el culto el templo que había sido cerrado durante el reinado de su malvado padre. Inmediatamente, llama al pueblo para que venga a Jerusalén a celebrar la Pascua durante siete días. Esta importante fiesta religiosa no se había celebrado en muchos años. La alegría es tan grande que la celebración se amplía siete días más. El pueblo responde regresando a sus casas y destruyendo los ídolos y santuarios que han contaminado la tierra.

▶ **Las oraciones de Ezequías en honor a Dios:** *2 Reyes 18:9—19:37; 2 Crónicas 32:1-23; Isaías 36—37*

En el decimocuarto año de su reinado, un enorme ejército asirio invade Judá y rodea Jerusalén. En un mensaje, Senaquerib, el rey asirio, se mofa de la confianza de Ezequías en Dios y se jacta de que ninguna nación ni sus dioses han podido hacer frente a su poderío. Jerusalén también caerá, y su Dios carecerá de poder para salvar a su pueblo. Ezequías lleva el mensaje al Señor. Ora para que Dios confirme su poder y no permita que su nombre sea despreciado de esa manera. Su oración es respondida, y esa misma noche, 185.000 soldados asirios mueren mientras duermen. El rey asirio se retira avergonzado y vencido.

▶ **La petición de Ezequías moribundo es respondida:** *2 Reyes 20:1-11; Isaías 38*

Poco después de que Dios venció al ejército asirio, Ezequías enferma mortalmente. El profeta Isaías le dice que ponga su casa en orden antes de morir. Cuando Isaías se va, Ezequías comienza a orar pidiendo a Dios que recuerde su piedad y devoción. Ezequías no pide específicamente ser curado, pero Dios responde concediéndole 15 años más de vida. El rey pide una señal para saber si debe subir "a la casa de Jehová", así que Dios hace retroceder la sombra del sol diez grados como señal (2 R. 20:8-11).

▶ **El orgullo de Ezequías es castigado:** *2 Reyes 20:12-19; Isaías 39*

Al oír las noticias sobre la milagrosa curación de Ezequías, el hijo del rey de la emergente nación de Babilonia acude a presentar sus respetos y a traer regalos. También le pide ayuda a Ezequías contra los todavía poderosos asirios. Ezequías alocadamente presume de las riquezas de su nación ante este importante emisario. Isaías lo reprende y predice que, en el futuro, Babilonia destruirá a Israel. La predicción se cumplió en el 586 a.C. con la destrucción de Jerusalén y la deportación de su pueblo.

Retrato

El carácter de Ezequías contrasta totalmente con el de su padre Acaz. Este creía en los dioses de las otras naciones. Confiaba en que fueran una fuente de poder, fuerza y protección para él y su nación. Ezequías, por otra parte, es uno de los pocos reyes a los que Dios compara favorablemente con el rey David. Más que ningún otro rey, Ezequías trajo una importante reforma espiritual.

A pesar de todas sus excelentes cualidades, a Ezequías le faltaba una muy importante: una visión de futuro del bienestar espiritual de la nación. Parece que no tomó demasiadas medidas para preservar los efectos de sus amplias reformas. Y lo que es peor, no supo transmitir su pasión por Dios a su hijo Manasés, que se convirtió en uno de los reyes más malvados de Judá. Los pecados de Manasés y sus prácticas de ocultismo aceleraron la destrucción final de Judá.

Enseñanzas de Ezequías para la vida

Haga de la oración una prioridad en su vida. El énfasis de Ezequías en el culto puso de nuevo a Judá en un lugar donde Dios podía bendecirlo. No deje que el mundo desplace a Dios de su corazón. Haga lo que sea necesario para asegurarse de que el culto tanto personal como colectivo sea una parte no negociable de su vida.

Ore esperando que Dios le conteste. Las oraciones de Ezequías tanto por la nación como por su bienestar personal fueron respondidas de manera milagrosa. Ezequías nos ofrece un poderoso ejemplo de la eficacia de la oración ofrecida por un hombre o una mujer en buena relación con Dios. Camine con el Espíritu de Dios y ore con fervor esperando que sus oraciones surtan un gran efecto (Stg. 5:16).

Esté dispuesto a responder cuando lea la Palabra de Dios. Ezequías se comprometió a seguir los mandamientos de las Escrituras y las palabras del profeta Isaías. Hoy día, usted también tiene la oportunidad de prestar atención a la Palabra de Dios. Lea la Biblia con un corazón sensible y abierto. El Señor está hablando. ¿Está usted escuchando?

Recuerde que el futuro determinará el éxito de sus esfuerzos hoy día. El rey Ezequías tuvo mucho éxito estableciendo la supremacía de Dios en la tierra. Pero no consiguió que su celo religioso tuviera vistas de futuro. No hizo provisiones para continuar protegiendo la condición espiritual del pueblo, como por ejemplo entrenar a su hijo en los caminos de Dios. Su influencia espiritual no se mide por el hoy, sino por lo bien que perdurará su vida y celo por Dios en el futuro, lo cual implica enseñar a los hijos a seguir los caminos del Señor.

Reyes que siguieron el ejemplo de David

Asa: "Asa hizo lo recto ante los ojos de Jehová..." (1 R. 15:11).

Ezequías: "Hizo lo recto ante los ojos de Jehová..." (2 R. 18:3).

Josías: "E hizo lo recto ante los ojos de Jehová..." (2 R. 22:2).

Job

Varón perfecto y recto

*Y Jehová dijo a Satanás: ¿No has considerado a mi
siervo Job, que no hay otro como él en la tierra, varón
perfecto y recto, temeroso de Dios y apartado del mal?*

JOB 1:8

⚭

Característica más notable: Varón perfecto y recto
Hecho más destacado: Soportó grandes sufrimientos
Época: En los tiempos de Abraham (aprox. 2000 a.c.)
Nombre: *Job*, que significa "el perseguido"
Texto principal: Job

Contexto

Job vive en Uz, una zona cerca de Madián, donde Moisés luego
viviría 40 años como pastor. En el libro que lleva el nombre de Job,
no hay referencias a la ley de Moisés o a ninguno de los pactos que
Dios hizo con los patriarcas hebreos. Además, Job realiza funciones
de sacerdocio en nombre de su familia y vive hasta casi los 200 años.
Todos estos factores sugieren que Job vive más o menos en los tiempos
de Abraham, el padre de la nación hebrea.

Breve resumen

Job es un buen hombre que ha vivido una vida próspera y libre de
problemas durante muchos años. Es rico e influyente, y posee un gran
rebaño de ovejas, bueyes y camellos. Es un esposo cariñoso y un padre
preocupado con siete hijos y tres hijas. Un día, en el transcurso de unas

pocas horas, sus hijos y sus riquezas le son arrebatados por tremendos desastres y por ladrones. Para empeorar las cosas, sufre una dolorosa sarna de los pies a la cabeza. Job se queda sin nada excepto su fe en Dios, y se pregunta por qué le han sucedido estas cosas a él. Los amigos vienen a visitarlo, pero rápidamente su consuelo se convierte en acusaciones y discusión. Al final, Dios interviene ofreciendo su perspectiva y reprendiendo a los amigos de Job. La historia termina cuando a Job se le devuelve su felicidad y riqueza.

Visión general

▸ **Job es probado:** *Job 1—2*

Job es un hombre rico que ama a Dios y tiene un carácter recto. En una escena que se desarrolla en el cielo, Satanás acusa a Job de seguir a Dios solo porque Él ha bendecido su vida. Dios permite que Satanás destruya toda la familia y las posesiones de Job para confirmar que su devoción no depende de esas cosas. Está seguro de que la devoción de Job hacia Él se mantendrá firme. Después Satanás dice que si Job se queda sin salud, seguramente negará a Dios. Pero a pesar de sufrir una dolorosa sarna de los pies a la cabeza, Job continúa creyendo en Él.

▸ **Job es acusado:** *Job 3—37*

En una serie de debates, los amigos de Job asumen equivocadamente que el sufrimiento de este hombre es resultado de algún pecado que ha cometido. Intentan persuadir a Job para que se arrepienta. En cada ronda de debates, él argumenta que no ha pecado para merecer tal sufrimiento, y con cada negación, las acusaciones de sus amigos se endurecen más.

▸ **Job cara a cara con Dios:** *Job 38—41*

El mismo Dios habla finalmente a Job desde un torbellino. En lugar de responder a la pregunta de por qué está sufriendo, Dios le hace una serie de preguntas que ningún ser humano puede contestar. Job entonces reconoce que Dios, que es todopoderoso, actúa de maneras que él no siempre puede entender, pero que al final siempre son por su bien.

► **Job es bendecido:** *Job 42*

En respuesta a las palabras de Dios, Job se humilla. Dios entonces reprende a los amigos por añadir más sufrimiento a Job con sus falsas acusaciones y sus críticas espirituales. Luego Job recibe el doble de lo que poseía anteriormente y una nueva familia de siete hijos y tres hijas.

Retrato

Job nunca supo por qué Dios permitió su sufrimiento. Pero aprendió a aceptar su situación sin cuestionar la sabiduría y el juicio del Señor. El Job que perseveró en esos momentos de dificultad conoció mejor a Dios y confió en Él más profundamente que el Job que era antes de que eso le ocurriera. En la Biblia, se menciona a Job junto con Noé y Daniel como hombres justos (Ez. 14:14-20). También se le menciona en el Nuevo Testamento como ejemplo para alentar a los que sufren, a pesar de vivir con rectitud (Stg. 5:11).

Enseñanzas de Job para la vida

El sufrimiento forma parte de la vida. Job vivió la mayor parte de su vida sin problemas. Ni esperaba ni apreciaba su oportunidad para sufrir cuando esta llegó. El sufrimiento es algo que nadie quiere experimentar, pero todo el mundo lo hace. Dios nunca promete a sus hijos una vida libre de preocupaciones. Pero lo que sí hace Dios en medio de nuestros problemas es ofrecernos su misericordia para que soportemos las dificultades. Confíe en Él, que lo ama y ha permitido que sufra por su bien.

El sufrimiento ayuda a aprender a ser paciente. Job aprendió a ser paciente, mientras soportaba el sufrimiento. Confiaba en Dios y nunca dejó de hacerlo; incluso cuando su esposa quería que él maldijese a Dios y muriera. Permanezca cerca del Señor, y le dará la fuerza para soportar incluso las dificultades más grandes. Le ayudará a superar lo que a usted le parecen sus horas más oscuras.

El sufrimiento debe verse desde una perspectiva divina. Dios está obrando de maneras que nosotros a menudo no entendemos. Estos tiempos confusos nos dan la oportunidad de fortalecer nuestra fe en la sabiduría de Dios.

¿A quién más habló Dios directamente?

Además de a Job, Dios habló directamente con estas personas en el Antiguo Testamento:

Adán y Eva	Caín
Noé	Abraham
Jacob	Moisés
María	Aarón
Samuel	Josué
Jeremías	Isaías
Ezequiel	

Esdras

El maestro fiel

Porque Esdras había preparado su corazón para inquirir la ley de Jehová y para cumplirla, y para enseñar en Israel sus estatutos y decretos.

ESDRAS 7:10

&

Característica más notable: Comprometido con la Palabra de Dios
Hecho más destacado: Condujo al pueblo de Israel de vuelta a una vida piadosa
Época: Alrededor del 450 a.c.
Nombre: *Esdras*, que significa "Jehová ayuda"
Textos principales: Esdras 7—10; Nehemías 8

Contexto

Babilonia, la una vez poderosa nación que había destruido Jerusalén y llevado a los judíos como cautivos, ha sido destruida por un nuevo poder: Persia. Esdras es un sacerdote que vive en el exilio en una tierra que ahora está controlada por aquella nación. Con la nueva política de Persia, a los cautivos se les permite regresar a su tierra natal. Han pasado unos 80 años desde que un primer grupo de exiliados eligió regresar a Israel para reconstruir el templo. Un nuevo rey de Persia autoriza ahora a Esdras a encabezar un segundo grupo que regresa a Jerusalén. El rey ofrece mucho oro y plata para ayudar a Esdras a embellecer el nuevo templo ya terminado.

Breve resumen

Desde el principio, cuando a Esdras se le encomienda encabezar un segundo grupo de judíos de vuelta a Jerusalén, él lidera con el ejemplo. Demuestra su confianza en Dios, tanto al rey de Persia como al grupo que regresa, orando y ayunando antes de emprender el peligroso viaje a Jerusalén. Una vez que llega a su tierra natal, se siente descorazonado por la desobediencia de las personas. Se han casado con mujeres paganas y no oran públicamente ni confiesan sus pecados. Se le ha dado la autoridad para administrar la ley de Dios incluso por la fuerza si es necesario (7:25), pero en lugar de forzar la conformidad con la ley, Esdras empieza a orar para que Dios obre en las vidas de cada uno. Ellos responden, confiesan sus pecados y acuerdan diseñar un plan para resolver sus problemas. Este primer esfuerzo por parte de Esdras establece las bases para lo que se conseguirá más adelante, cuando otro líder, Nehemías, se una a Esdras. Juntos iniciarán un avivamiento que se extenderá por toda la nación.

Visión general

▶ **El enfoque de Esdras:** *Esdras 7*

La función normal de un sacerdote era ministrar los sacrificios en el templo. Pero desde la deportación del pueblo judío bajo el dominio de los babilonios y la destrucción del templo 150 años antes, los sacerdotes, y en especial Esdras, han comenzado a ocuparse del ministerio de la enseñanza. Esdras se ha dedicado fielmente a "...inquirir la ley de Jehová y para cumplirla, y para enseñarla..." (Esd. 7:10).

▶ **La fe de Esdras:** *Esdras 8*

Esdras recibe permiso para regresar a Jerusalén con unos 7000 u 8000 hombres, mujeres y niños. Los dirigentes persas también le ordenan que se lleve consigo una gran cantidad de oro y plata para utilizarla en la decoración del nuevo templo terminado. El viaje de regreso del grupo transcurrirá por tierras peligrosas, pero Esdras no pide una escolta militar. En su lugar, decide confiar únicamente en la ayuda de Dios, por eso él y sus compañeros de viaje ayunan y piden protección al Señor (8:23).

▶ **El descubrimiento de Esdras:** *Esdras 9*

Cuando Esdras y su personal llegan, descubren que algunos judíos, incluidos los sacerdotes y levitas (los líderes religiosos), se han casado con mujeres paganas. Esdras está muy triste. Estos son algunos de los mismos pecados que llevaron al pueblo a ser alejado de su tierra en el pasado. En lugar de gritar y enfadarse, Esdras elige nuevamente orar y ayunar, confesando la vergüenza y los pecados del pueblo de Dios.

▶ **El efecto de Esdras:** *Esdras 10*

La decepción evidente de Esdras y sus oraciones conmueven tanto al pueblo que pronto ellos también empiezan a llorar y a confesar sus pecados. Los ofensores voluntariamente deciden separarse de sus mujeres paganas y seguir fielmente al Señor.

▶ **La explicación de Esdras de la Palabra de Dios:** *Nehemías 8*

Más tarde, después que Nehemías llega de Babilonia y le ayuda en la reconstrucción de la muralla de Jerusalén, el pueblo le pide a Esdras que haga una lectura y explicación pública de la ley de Dios. Durante seis horas al día, a lo largo de siete días, Esdras y otros sacerdotes leen e instruyen nuevamente al pueblo en la Palabra de Dios. El pueblo reacciona ante la lectura llorando lágrimas de pena, convicción y arrepentimiento. Los esfuerzos de Esdras durante su vida de estudiar, practicar y enseñar se ven recompensados cuando todos responden a la lectura de la ley de Dios.

Retrato

Mucho antes de que el rey persa encomendara a Esdras la misión de liderar a un grupo que regresaba a Jerusalén, Dios había estado preparándolo para ello. Primero, como escriba, Esdras se había dedicado al estudio atento de la Palabra de Dios. Segundo, decidió personalmente aplicar y obedecer lo que estaba aprendiendo de la Palabra. Tercero, Esdras deseaba enseñar a otros a conocer y obedecer a Dios. Con estas prioridades, no es de extrañar que tuviera una influencia tan grande en el pueblo de Jerusalén, y al final en el país entero. Esdras era un modelo de bondad, y eso era contagioso. Hubo un gran avivamiento durante su liderazgo espiritual.

Enseñanzas de Esdras para la vida

Estudiar y obedecer la Palabra de Dios es esencial para su crecimiento espiritual. Los logros de Esdras se pueden atribuir directamente a su compromiso de vivir su vida según los criterios de la Palabra de Dios. Para ello, estudió las Escrituras con seriedad y las aplicó con fidelidad. El ejemplo de Esdras sigue siendo apropiado en la actualidad. Su creciente relación con Dios mediante el estudio de su Palabra debería convertirse en una prioridad en su vida espiritual. ¿Qué lugar ocupan entre sus prioridades el estudio de la Palabra de Dios, la oración y la alabanza? ¿Qué cambios puede hacer hoy a fin de reservar tiempo para estar a solas con Dios? El crecimiento espiritual es imposible sin ello.

Confíe en Dios en todos los aspectos de su vida. Esdras confió en el poder de Dios para protegerlo durante el peligroso viaje a Jerusalén. También confió en Él para obrar en los corazones de las personas desobedientes que se encontró al llegar a Jerusalén. ¿Qué áreas de su vida no está poniendo bajo las poderosas manos de Dios? Esdras confiaba en Él, y usted debería hacerlo también. Con Dios, usted está en buenas manos.

Manténgase firme en la autoridad de las Escrituras. Esdras no deseaba comprometer las verdades aprendidas sobre la Palabra de Dios. Para él las Escrituras no estaban abiertas a la reinterpretación. Usted también debe mantenerse firme en la autoridad de la Palabra de Dios, empezando por su propia vida. ¿Hay alguna área de su vida en la que esté intentando "reinterpretar" las Escrituras para excusar sus actos? La Palabra es perfectamente clara. Acepte su autoridad en su vida y luego sirva de modelo para otros. Su ejemplo a menudo es más eficaz que la enseñanza. Las enseñanzas de Dios a veces se entienden mejor demostrándolas que enseñándolas.

Los tres retornos a Jerusalén

Orden	Fecha	Referencia	Líder	Rey persa
Primero	538 a.C.	Esdras 1—6	Zorobabel	Ciro
Segundo	458 a.c.	Esdras 7—10	Esdras	Artajerjes
Tercero	445 a.c.	Nehemías	Nehemías	Artajerjes

Nehemías

El maestro constructor

...Entonces oré al Dios de los cielos, y dije al rey: Si le place al rey, y tu siervo ha hallado gracia delante de ti, envíame a Judá, a la ciudad de los sepulcros de mis padres, y la reedificaré.

NEHEMÍAS 2:4-5

☘

Característica más notable: Confianza en Dios
Hecho más destacado: Reconstruir la muralla de Jerusalén
Época: 450 a.C.
Nombre: *Nehemías*, que significa "Jehová consuela"
Texto principal: Nehemías

Contexto

Han pasado 13 años desde que Esdras, el sacerdote, llegó a Jerusalén y comenzó a ser ejemplo de bondad y a hacer respetar la autoridad de la Palabra de Dios. Las reformas han empezado, pero con los años, muchos se han relajado en el cumplimiento de la ley de Dios. Algunos han empezado a practicar de nuevo el matrimonio con mujeres paganas. El país tiene problemas para esquivar las amenazas de los vecinos hostiles. Nehemías, un copero de confianza del rey persa Artajerjes, escucha esas desalentadoras noticias sobre cómo están las cosas en Judá. Jerusalén es despreciada por los vecinos de los alrededores porque su muralla está en ruinas, aunque muchos judíos habían ya regresado a esta ciudad y a su tierra natal.

Breve resumen

Nehemías se siente avergonzado de que la ciudad santa de Dios esté en tales condiciones. Cuando empieza a orar por ello, siente tal pesar por Jerusalén que pide un permiso al rey para irse a Judá como gobernador, con el deseo de restaurar la reputación de Jerusalén. Cuando llega, la encuentra en las condiciones que había oído. Motiva a toda la población de la ciudad a empezar a reconstruir la muralla, que lleva en ruinas 130 años. La obra se completa ¡en solo 52 días! Después Nehemías debe enfrentarse a los vecinos hostiles, a los líderes avaros y a un pueblo que ha perdido su celo por Dios. Con la ayuda de Esdras, el sacerdote, se enseña la ley, el pueblo responde, y las reformas se instituyen de nuevo. Nehemías regresa al rey tras finalizar su permiso, pero vuelve a Jerusalén por segunda vez como gobernador. Allí descubre una vez más que el pueblo se está alejando de Dios. Insiste y de nuevo consigue que se obedezca la ley.

Visión general

▶ Se forma la visión de Nehemías: *Nehemías 1*

Nehemías se siente muy contrariado al escuchar las noticias de que Jerusalén está en tales condiciones. Consciente de que la causa del problema reside en el pecado del pueblo, ora y llora durante días. En ese tiempo de oración, se da cuenta de que las personas deben honrar a Dios y reconstruir las murallas de la ciudad. Cuando se forma la visión en su mente, también se da cuenta de que, como copero de confianza del rey, tiene recursos para ayudar.

▶ Se confirma la visión de Nehemías: *Nehemías 2*

Hasta ese momento, Nehemías no se había comprometido a nada. Como oficial clave para el rey de Persia, pide y consigue la autoridad y los materiales necesarios para hacer su parte en la terminación de la muralla de Jerusalén. ¡Ahora Nehemías sí que se compromete!

▶ Nehemías transmite su visión: *Nehemías 3*

Cuando Nehemías llega a Judá, transmite su visión al pueblo, al que necesita para ayudarle a terminar la muralla. Las personas se sienten motivadas cuando él apela a su orgullo nacional y a su confianza en el apoyo de Dios. Ellos responden y confirman la visión de Nehemías.

> **La resolución de Nehemías:** *Nehemías 4*

Los que rodean Jerusalén se oponen a la reconstrucción de la muralla y planifican ataques contra los trabajadores que la están edificando. Negándose a ser intimidado, Nehemías arma a sus trabajadores, que trabajan y vigilan por turnos.

> **El ejemplo de Nehemías:** *Nehemías 5*

La oposición del enemigo y la dificultad del momento han traído grandes cargas financieras al pueblo. Para sobrevivir, muchos han pedido préstamos a intereses muy altos para comprar comida. Al no poder pagar dichos préstamos, los príncipes y los nobles locales confiscan las casas y las tierras de las personas, obligando a algunos a vender a sus hijos como esclavos para pagar las deudas. Nehemías ha establecido el ejemplo no tomando dinero de los impuestos para sus propios gastos. Ahora les pide a los ricos que devuelvan las tierras que han tomado y que cancelen los préstamos con intereses, que habían sido prohibidos por la ley (Dt. 23:19-20).

> **El objetivo final de Nehemías:** *Nehemías 8—10*

El objetivo inmediato de Nehemías es ver la muralla reconstruida, pero su objetivo final es ver que el pueblo honre a Dios con sus vidas. Para conseguir esto, convoca una asamblea nacional para que Esdras, el sacerdote, pueda enseñar al pueblo la ley de Dios, y así ellos puedan identificar las formas en las que han violado la ley. Nehemías no puede traer el avivamiento, pero la Palabra de Dios sí. El pueblo responde a las enseñanzas confesando sus pecados y acordando hacer correcciones en su estilo de vida.

Retrato

Desde el día en que Nehemías comprendió cuál era su parte en el plan de Dios para el pueblo de Judá, su confianza en la provisión y en la protección divina fue inquebrantable. Su fe era contagiosa, y el pueblo respondió trabajando unidos para reconstruir la muralla. Nehemías no pidió nada a los demás que no estuviera él haciendo en su vida.

También cubrió sus necesidades y las de su pueblo, lo cual ayudó a aminorar la carga de impuestos que recaía sobre ellos. Y finalmente, su integridad personal y compasión sirvió de modelo de liderazgo espiritual para los nobles y gobernantes que estaban explotando a los pobres de Jerusalén. Su vida y su forma de actuar siguen siendo un ejemplo y una guía para los líderes espirituales de la Iglesia a través de los siglos.

Enseñanzas de Nehemías para la vida

La oración amplía su visión. Nehemías ora por las necesidades de su amada Jerusalén. Mientras lo hace, empieza a darse cuenta de que Dios lo ha colocado en una posición estratégica para cubrir esas necesidades. Las oraciones de Nehemías le ayudaron a ampliar la visión que tenía de su propia utilidad. ¿Qué peso lleva en su corazón? Permita que Dios amplíe su visión sobre cómo se puede aligerar este peso. ¿Podría ser usted mismo la respuesta a su necesidad, o Dios le está apuntando hacia alguna otra parte? En ambos casos, la oración es el punto de partida para ampliar su visión.

La confianza en Dios provee y protege. Nehemías llega a Jerusalén confiando en la habilidad de Dios para cubrir no solo sus necesidades, sino también las del pueblo. Su confianza en el Señor inspira a los demás para confiar también. ¿Cómo es de firme su fe en la provisión y protección de Dios? Confíe en Él en medio de sus problemas, y su confianza inspirará a otros a tener más confianza también.

El trabajo en equipo es esencial para cumplir con las grandes tareas. Cuando Nehemías llega a Jerusalén, observa que las murallas de la ciudad llevan en ruinas más de 100 años. Apela al orgullo nacional de las personas y ofrece su apoyo y el del rey persa. El pueblo responde trabajando codo con codo hasta terminar la muralla en un tiempo sorprendentemente corto: ¡52 días! ¿Tiene alguna tarea que le resulta abrumadora? Es probable que sí, si está intentando hacerla solo. ¿A quién podría reclutar para que lo ayudase? Cualquier tarea tiene más posibilidades de terminarse si se consigue la ayuda de otros.

Línea temporal del servicio de Nehemías

Ora y recibe permiso	(5 meses)
Viaja a Jerusalén	(4 meses)
Reconstruye la muralla	(52 días)
Primera etapa como gobernador	(12 años)
Regresa a Persia	(9 años)
Segunda etapa como gobernador	(14 años)

Los sucesos de la vida de Nehemías son recopilados por Esdras no más tarde del 400 a.C.

Ester

La reina

...¿Y quién sabe si para esta hora [tú, Ester]
has llegado al reino?
ESTER 4:14

&

Característica más notable: Valor y planificación cuidadosa
Hecho más destacado: Salvó a los judíos de la extinción
Época: Entre 538 a.c. y el 473 a.c.
Nombre: *Hadasa*, su nombre hebreo, que significa "mirto". *Ester* significa "estrella" en persa.
Texto principal: Ester

Contexto

En este momento de la historia, Persia domina todo el mundo árabe, que comprende 127 provincias que van desde la India hasta Etiopía. La residencia de invierno del rey (una de las cuatro) está en una ciudadela sobre una montaña fortificada por encima de la ciudad de Susa. El rey había depuesto a la reina, y los líderes sugieren hacer una búsqueda por todo el imperio para encontrar una nueva reina. Desde el principio de la búsqueda hasta la coronación de la nueva reina, transcurren cuatro años.

Un drama añadido a todo esto es una enemistad de 550 años de duración, que en ese momento está representada por el agagueo Amán y el benjamita judío Mardoqueo. A pesar de haber pasado mucho tiempo, ni Amán ni Mardoqueo han olvidado que el rey Saúl, un benjamita, había recibido de Dios la orden de matar a todos los amalecitas, incluido su rey: Agag.

Breve resumen

Como la hija huérfana de Abihail, Ester creció en Persia con su primo mayor Mardoqueo, que la crió como si fuera su propia hija. Ester es excepcionalmente hermosa y es elegida para reemplazar a la reina destronada. Su vida en palacio narra la actividad de las fuerzas del mal que están intentando eliminar la raza judía, y su historia refleja con qué fidelidad protege Dios soberanamente a su pueblo. La influencia de Ester en el rey salva a los judíos. Cuando la crisis de su cercana extinción finaliza, los judíos instauran una fiesta de dos días de duración, el Purim (que significa "la suerte", 3:7; 9:26), que se convierte en una fiesta anual para celebrar su supervivencia.

No se vuelve a oír hablar nunca más de Ester, pero algunos historiadores sugieren que era la madrastra de Artajerjes. Ella podría haberlo influido para que favoreciera a los judíos, especialmente a Nehemías, su copero, y su deseo de reconstruir la muralla de Jerusalén.

Visión general

▶ La expulsión de la reina anterior: *Ester 1*

Tras una sucesión de banquetes, se le pide a Vasti, la reina, que "muestre su belleza" (v. 11) a los oficiales borrachos que estaban presentes. Ella por modestia se negó, lo cual hizo que el rey se enojara y la expulsara.

▶ La oportunidad de Ester: *Ester 2*

Tras realizar una búsqueda por todo el imperio, Ester es elegida como finalista para convertirse en la nueva reina. Rápidamente se gana el favor del jefe de los eunucos, que le da un tratamiento especial para que se prepare para presentarse ante el rey Asuero, también conocido como Jerjes. El rey se enamora de Ester y la convierte en reina. Durante todo este tiempo, Mardoqueo está realizando labores oficiales en la puerta del rey. Se entera de que existe un complot para matar al rey, y pasa la información a Ester, que a su vez se la comunica detalladamente al rey en nombre de Mardoqueo.

▶ El destino de Ester se confirma: *Ester 3*

Después que Ester se convierte en reina, su primo Mardoqueo se niega a inclinarse delante de Amán, que se ha convertido en primer ministro y es el segundo en el mando del país. Esto pone furioso a Amán, quien decide no solo acabar con Mardoqueo, sino también con todo su pueblo (esto sería una venganza justa contra la raza judía por lo que le habían hecho a sus antepasados). Amán consigue el permiso del rey para hacerlo y pone una fecha para el exterminio.

▶ La responsabilidad de Ester: *Ester 4*

Cuando Mardoqueo se entera de los planes de Amán, se va rápidamente al palacio a informar a Ester, lamentándose y llorando. En este momento, la reacción de Ester es de impotencia. No se puede acercar al rey sin ser llamada, bajo pena de muerte. Pero como Mardoqueo la anima insistentemente, ella decide hacer lo que pueda para salvar a su pueblo. Pide que todos los judíos de la ciudad oren y ayunen para preparar su visita al rey.

▶ La fiesta de Ester: *Ester 5*

Ester aparece sin ser llamada ante el rey, que no solo no la manda matar, sino que le promete hacer lo que pueda para atender sus peticiones. La petición es que se haga un banquete y que invite a Amán. En la fiesta, el rey le pregunta de nuevo a Ester qué quiere. Ester le pide que el rey y Amán acudan a un segundo banquete. Mientras Amán espera a que tenga lugar el segundo banquete, manda hacer una horca para Mardoqueo, para que sea colgado al día siguiente.

▶ El primo de Ester es honrado: *Ester 6*

Durante la noche anterior al segundo banquete, el rey, que no puede dormir, pide que le lean los libros de las memorias y crónicas. Al hacerlo recuerda que nunca ha honrado a Mardoqueo por haber descubierto el complot contra su vida. A la mañana siguiente el rey le pregunta a Amán cómo podría honrar a una persona que se lo merezca. Este, creyendo que es él quien va a ser honrado, hace una sugerencia. Para disgusto de Amán, se le pide que conduzca a Mardoqueo en su caballo por toda la plaza de la ciudad para honrarlo.

El pueblo de Ester se salva: *Ester 7—9*

En el segundo banquete, el rey pregunta de nuevo a Ester qué puede hacer por ella. Ella le cuenta el complot de Amán en contra del pueblo judío, y revela que ella también es judía. El rey responde a su ruego ordenando colgar a Amán en la misma horca que él había mandado preparar y da permiso a los judíos para defenderse el día señalado para ser exterminados, lo cual hacen con gran éxito.

El primo de Ester es ascendido: *Ester 10*

La historia de Ester termina con el ascenso de Mardoqueo al puesto de primer ministro que había quedado vacío tras la muerte de Amán. Juntos, Ester y Mardoqueo son una poderosa fuerza de protección para los judíos a lo largo de todo el Imperio persa.

Retrato

La belleza externa de Ester fue el vehículo utilizado por Dios para hacer que ocupara un puesto de influencia. Pero en su interior había mucho más. Parece que también poseía gracia natural y dignidad, lo cual le procuraba el favor especial de todos los que estaban en el palacio. E incluso después de ocupar un lugar poderoso como reina, Ester continuó apreciando y solicitando el consejo de su primo mayor, Mardoqueo. Pero su cualidad más importante fue su voluntad de sacrificar su vida para proteger el destino de la nación judía. Su valor resultaba evidente cuando dijo: "...entraré a ver al rey, aunque no sea conforme a la ley; y si perezco, que perezca" (4:16).

Enseñanzas de Ester para la vida

Dios tiene un propósito para su situación actual. En un momento crítico del drama que se produce en el palacio, Mardoqueo le recuerda a Ester que ella está involucrada en un tema más grande que su propia supervivencia. Dios la ha colocado en una situación única, con planes para utilizar su belleza, su nacionalidad y su influencia para salvar a todo una raza. Dios lo ha hecho a usted exactamente como es y lo ha colocado en un lugar especial para usarlo también —como hizo con Ester— para que cumpla con su obra. Su tarea puede que no sea tan grande como la de salvar a toda una nación, pero sea cual fuese, está hecha a su medida. Sea valiente como lo fue Ester y acepte el reto del propósito de Dios para su lugar único y especial en la vida.

Servir a Dios puede exigirle moverse de su zona de comodidad. Aunque Ester es la reina, su vida nunca está segura, especialmente cuando se arriesga presentándose ante el rey. ¿Y si Dios le pide que salga de su "zona de seguridad"? Al igual que Ester, usted tiene una opción. Puede quedarse donde está y permanecer seguro. O, como en el caso de Ester, ir en dirección a Dios arriesgando esa seguridad. Dios tiene un propósito para usted y es servirle a Él. Pídale que le dé valor para salir de su zona de comodidad y arriesgarse por Él, estando siempre seguro de su presencia.

La mano protectora de Dios siempre está ahí, aunque no siempre sea visible. En ningún momento de la vida de Ester se menciona el nombre de Dios, pero su mano providencial se puede ver en cada movimiento. El Señor también está obrando en su vida, se dé cuenta de ello o no. Pídale que le dé ojos de fe para poder ver sus huellas en cada situación. Saber que Él está presente, aunque no lo veamos, debería ofrecernos una gran tranquilidad a la hora de enfrentar los problemas de la vida.

La posible influencia de Ester a favor de los judíos

- Los primeros judíos dejan Persia en el 538 a.C. con las bendiciones del rey Ciro.

- Ester y Mardoqueo dan a los judíos credibilidad por todo el imperio durante el reinado del rey Asuero (483-465 a.C.).

- Ester es la madrastra de Artajerjes, quien permite que Esdras conduzca a los judíos a Jerusalén, llevando con él grandes cantidades de oro para la pronta reconstrucción del templo (458 a.C.).

- Ester continúa su influencia sobre su hijastro Artajerjes, que da grandes suministros a Nehemías para que pueda reconstruir la muralla de Jerusalén.

Isaías

Un siervo obediente

Después oí la voz del Señor, que decía:
¿A quién enviaré, y quién irá por nosotros?
Entonces respondí yo: Heme aquí, envíame a mí.
Y dijo: Anda, y di a este pueblo...
ISAÍAS 6:8-9

☙

Característica más notable: Determinación
Hecho más destacado: Escribió el gran libro del Antiguo
Testamento que lleva su nombre
Época: Ministró durante más de 50 años (739-686 a.c.)
Nombre: *Isaías*, que significa "el Señor es salvación"
Texto principal: Isaías

Contexto

Isaías es un profeta que ministra al pueblo en Jerusalén y sus
alrededores, en el reino del sur, Judá. Su ministerio profético dura 53
años, abarca el reinado de cuatro reyes: Uzías, Jotam, Acaz y Ezequías,
y se relata en el libro que lleva su nombre, Isaías. Durante los primeros
años del ministerio de este profeta, el reino del norte es hecho cautivo
por los asirios (722 a.C.). La intimidación de Asiria a la pequeña
nación de Judá continuará hasta el reinado de Ezequías, cuando
milagrosamente Dios destruye todo el ejército asirio en una noche,
cuando intentaban capturar Jerusalén (701 a.C.). Los profetas Oseas
y Miqueas son contemporáneos de Isaías. Oseas predica al reino del
norte, y Miqueas e Isaías, al reino del sur.

Breve resumen

Aunque Isaías tiene un ministerio público largo y fructífero, poco se conoce de su vida privada. Sabemos que su padre fue Amoz. La familia de Isaías debe haber tenido cierto rango porque él tiene acceso al rey Acaz y es consciente de la condición política de la región. Está casado y tiene dos hijos, y cuando es llamado al ministerio profético, él responde con entusiasmo: "...Heme aquí, envíame a mí" (6:8). Pero tristemente, se le dice que muchos no responderán a su predicación. A diferencia de otros profetas que escriben, Isaías muestra poca emoción en su libro. Vive para registrar la muerte de Senaquerib en el 681 a.c. La tradición dice que Isaías muere a manos del malvado rey Manasés, que mandó serrar al profeta por la mitad (He. 11:37).

Visión general

▶ **Ministerio de Isaías durante el reinado de Uzías:** *2 Reyes 15:1-7; Isaías 6:1*

Isaías empieza su ministerio público durante el próspero reinado de 52 años de duración del rey Uzías, también conocido como Azarías. La condición espiritual del país empieza a declinar, y la caída de Uzías es el resultado de su intento de asumir el papel de sacerdote y quemar incienso en el altar. Dios aflige a Uzías con la lepra, de la cual nunca se recupera. Durante el año de la muerte de este rey, a Isaías se le concede una visión de la santa majestad de Dios (Is. 6:1-7) y recibe el llamamiento al ministerio profético:

> ...vi yo al Señor sentado sobre un trono alto y sublime, y sus faldas llenaban el templo... Después oí la voz del Señor, que decía: ¿A quién enviaré, y quién irá por nosotros? Entonces respondí yo: Heme aquí, envíame a mí. Y dijo: Anda, y di a este pueblo... (vv. 1, 8-9).

▶ **Ministerio de Isaías durante el tiempo de Jotam:** *Isaías 1—5*

Tras la muerte de Uzías, el hijo de este, Jotam, empieza su reinado de 16 años de duración. Isaías recibe las profecías contenidas en los cinco primeros capítulos de Isaías durante el reinado de Uzías, y la condición espiritual del pueblo no mejora durante el reinado de Jotam. Existe todavía una gran corrupción espiritual en la tierra.

▶ **Ministerio de Isaías durante el tiempo de Acaz:** *2 Crónicas 28*

Isaías recibe y recolecta mucho del material profético que encontramos en Isaías 7—27 durante los 16 años del reinado de Acaz. Este es un rey malvado e idólatra, y Dios lo entrega a manos de Siria e Israel. Isaías advierte contra la implicación política con las naciones de los alrededores, pero desdichadamente, Acaz no escucha. En lugar de pedir la ayuda de Dios contra los ataques de Israel y Siria, Acaz pide ayuda al rey asirio. La alianza con Asiria lleva al emplazamiento de un altar pagano en el templo de Salomón (2 R. 16:10-16). Durante este periodo, Isaías predice castigos a Israel y a Siria, y también a otras naciones de los alrededores, como Egipto, Moab y Edom.

▶ **Ministerio de Isaías durante el tiempo de Ezequías:** *Isaías 36—39*

Ezequías reinó durante 29 años y es uno de los pocos reyes del sur del que se dice: "Hizo lo recto ante los ojos de Jehová, conforme a todas las cosas que había hecho David su padre" (2 R. 18:3). El relato de Isaías del reinado de Ezequías lo encontramos en los capítulos 36—39. La amenaza asiria continúa subiendo de tono, y los consejeros de Ezequías quieren que busque una alianza con Egipto. Isaías da una amplia advertencia contra la formación de alianzas con Egipto (Isaías 28—35), y Ezequías escucha y pone su confianza en Dios. Como resultado de la predicación de Isaías y el profeta Miqueas, y del liderazgo del buen rey Ezequías, la amenaza asiria es evitada, y se produce un significativo avivamiento espiritual.

Retrato

Isaías dirigió los principales ataques de su ministerio contra el reino del sur, Judá. Condenó el ritualismo vacío de aquel tiempo y la idolatría en la que habían caído tantos judíos. Predijo la llegada de la cautividad de Judá en Babilonia a causa de su pecado de idolatría. Más que ningún otro profeta del Antiguo Testamento, Isaías proporcionó datos sobre el futuro día del Señor y el tiempo que vendría después. Describió muchos aspectos del futuro reino de Israel en la tierra; detalles que no se pueden encontrar en otros escritos. Isaías también es conocido como el "profeta evangélico" porque se centraba, especialmente en los últimos 27 capítulos de su libro, en la gracia de Dios no solo hacia un Israel arrepentido, sino también hacia todos los que se arrepientan de sus pecados.

Enseñanzas de Isaías para la vida

El servicio a Dios no necesita el reconocimiento público. Isaías era un gran hombre con un ministerio destacado, pero se conoce poco de su vida. Su motivación para el ministerio no era recibir reconocimiento público o ser el centro de atención. ¿Cuáles son los motivos de usted para servir a Dios? Si son por cualquier otra razón que no sea la gloria de Dios, están mal enfocados. Busque servirlo a Él y a su pueblo sin exigir el reconocimiento público. Servir al Señor sin limitación alguna es suficiente recompensa.

Un Dios justo exige una respuesta justa. La visión de Isaías de la gloria de Dios le hizo darse cuenta humildemente del castigo que merecía por su condición pecadora. Se dio cuenta de que antes de ser utilizado, debía purificarse. Cada vez que se acerca usted a Dios en oración debería hacerlo sintiéndose indigno. Como Isaías, debe ver su vida a la luz de la santidad de Dios. Y como Isaías, necesita la obra purificadora del Espíritu Santo en su vida —por penosa que esta pueda resultar— para prepararlo, como a Isaías, para ser utilizado por Dios.

El mensaje de Dios debe ser comunicado fielmente a pesar de la respuesta. Dios no prometió a Isaías un gran éxito cuando le otorgó su llamamiento ministerial. No obstante, él respondió entusiasmado. Los reyes ignoraron las advertencias de Isaías, y el gobierno lo acusó de traición porque desaprobaba que actuaran sin la bendición de Dios. Sin embargo, durante más de 50 años, Isaías proclamó fielmente el mensaje del Señor. Hoy día, Dios le está pidiendo que lleve su mensaje a sus familiares, amigos y compañeros de trabajo. ¿Aceptará este llamamiento con entusiasmo, como hizo Isaías? Dios le está pidiendo que comunique con fidelidad el mensaje de Jesucristo y que deje pacientemente la respuesta en sus manos.

Ministerio profético de Isaías

Cumplido al cien por cien

- Isaías predijo que los asirios no capturarían Jerusalén, aunque habían vencido a todos los demás países que se habían encontrado por el camino.

- Isaías predijo que Ezequías se recobraría de una enfermedad muy grave.

- Isaías nombró a Ciro, rey de Persia, como libertador de la cautividad de Judá en Babilonia 150 años antes de que Ciro fuera rey.

- Isaías predijo muchos aspectos de la primera venida de Cristo. Todas estas profecías se cumplieron 700 años más tarde.

Jeremías

El profeta llorón

Y yo dije: ¡Ah! ¡Ah, Señor Jehová! He aquí, no sé hablar, porque soy niño. Y me dijo Jehová: No digas: Soy un niño; porque a todo lo que te envíe irás tú, y dirás todo lo que te mande. No temas delante de ellos, porque contigo estoy para librarte, dice Jehová.

JEREMÍAS 1:6-8

☘

Característica más notable: Perseverancia
Hecho más destacado: Autor de Jeremías y Lamentaciones
Época: 646-561 a.c. (85 años)
Nombre: *Jeremías*, que significa "Jehová nombra o envía"
Texto principal: Jeremías

Contexto

La época del dominio asirio se ha terminado, y el poder del nuevo mundo es Babilonia. Los babilonios han vencido a Asiria, luego a Egipto y ahora rodean la pequeña nación de Judá. La condición espiritual de Judá es la de una adoración pagana flagrante. Jeremías es llamado a predicar el mensaje de Dios sobre el inminente castigo durante los reinados de los últimos cinco reyes de Judá, un periodo de 40 años, desde 627 a.c. hasta el 586 a.c. La pecadora nación de Judá no está dispuesta a arrepentirse, y Dios utilizará a Babilonia como instrumento de castigo. Entre los contemporáneos de Jeremías están los profetas Habacuc, Sofonías y Ezequiel.

Breve resumen

Durante el reinado de Manasés, el rey más malvado de Judá, nace Jeremías en la pequeña ciudad de Anatot, a unos siete kilómetros al noreste de Jerusalén. Jeremías es hijo de un sacerdote llamado Hilcías y nunca se casó. Tras su llamamiento al ministerio profético, Jeremías es ayudado por un hombre llamado Baruc, que es responsable de copiar y proteger los mensajes del profeta. Durante 40 años, Jeremías llama a sus conciudadanos al arrepentimiento para evitar el castigo de Dios a manos de un ejército invasor. Hay un breve periodo de reforma durante los tiempos del rey Josías (640-609 a.C.), pero tras su muerte, Judá regresa a su antigua manera de actuar y se niega a arrepentirse, por lo que la invasión se convierte en una realidad. Jeremías ruega a la nación que no se resista a la invasión de Babilonia, que llevará a la destrucción total. Incluso predice la duración del exilio de Judá en cautividad: 70 años (25:11). Nuevamente, el pueblo se niega a escuchar. Tras la caída de Jerusalén en el 586 a.C., Jeremías es obligado a huir a Egipto con un grupo de los que había quedado. La tradición dice que cuando Babilonia invade Egipto, el profeta es llevado a Babilonia, donde tiene la oportunidad de escribir su réquiem, Lamentaciones, y terminar su libro, Jeremías.

Visión general

▶ El llamamiento de Jeremías: *Jeremías 1:5-19*

Dios da a Jeremías, el sacerdote, muchos mensajes durante un periodo de 40 años. El primero de estos mensajes tiene que ver con su llamamiento al ministerio profético. Dios informa a Jeremías que fue apartado para el servicio antes de nacer. Su propósito especial es llevar un mensaje impopular de juicio al pueblo de Judá. Dios aseguró a Jeremías que, aunque el pueblo se resistiría a sus advertencias, no lo vencerían (v. 19).

▶ Los vecinos de Jeremías: *Jeremías 11:18-23*

Jeremías es impopular, y todos lo odian, incluso en su ciudad natal Anatot. Y lo que es peor, Dios le revela que sus vecinos de Anatot están conspirando para matarlo por predicar en contra de la idolatría. Muy conmocionado, Jeremías pide a Dios que juzgue a esas personas por su incredulidad. El Señor le asegura que los ciudadanos de Anatot serán juzgados con la invasión de Babilonia que ya está próxima.

▶ **El rechazo de Jeremías:** *Jeremías 15:15-21*

Las emociones de Jeremías salen a la superficie cuando siente el intenso antagonismo y el espíritu de no arrepentimiento de Judá. En un momento de autocompasión, desea no haber nacido nunca. Dios asegura una vez más a Jeremías su divina protección. Él nuevamente le recuerda al Señor su fidelidad, su amor y su alejamiento del mal al permanecer solo. Después, a pesar de que Dios ya le ha dado a Jeremías su confirmación, el profeta le pide que no lo abandone. Dios lo reprende por su autocompasión y le pide que se arrepienta y vuelva a centrarse en ser su portavoz.

▶ **Vida personal de Jeremías:** *Jeremías 16*

A Jeremías se le pide que no se case ni tenga familia debido al terrible futuro que le espera a Judá. No debe llorar la muerte de sus amigos ni tiene que participar en ninguna celebración. Va a pasar su vida pronunciando palabras de condena sobre el pecado del pueblo. Él debe decirles a las personas que su generación solo conocerá la muerte. No es sorprendente que quienes escuchan estas palabras se alejen de Jeremías y lo dejen aislado y solo.

▶ **La confianza de Jeremías:** *Jeremías 20*

Los sentimientos de Jeremías oscilan con frecuencia entre querer abandonar (v. 9), estar animado (vv. 9, 11), pedir ayuda (v. 12), alabar a Dios (v. 13) y sucumbir a la depresión (vv. 14-18). A la vista de los odios, el ridículo, la persecución y las amenazas de muerte dirigidas a él, solo su relación con el Señor lo sostiene, dándole confianza y ayudándole a mantener centrado su corazón y su pensamiento en Dios.

▶ **La esperanza de Jeremías:** *Jeremías 31*

No todas las profecías de Jeremías tienen que ver con el castigo a Judá. También da esperanza con sus profecías sobre el nuevo pacto con Israel. Dios promete que un día hará un pacto con su pueblo, no como el que escribió sobre la piedra (los Diez Mandamientos), sino uno que el Espíritu de Dios escribirá en sus corazones (Jer. 31:31-34).

Retrato

Jeremías vivió durante el tiempo de la apostasía en Judá. Su nación había abandonado a Dios y estaba muy molesta con las repetidas advertencias del juicio que habría de venir debido a sus pecados. Soportando su hostilidad, Jeremías proclamó fielmente las palabras de advertencia de Dios durante 40 años. Sin embargo, sus vecinos y conciudadanos lo rechazaron por completo.

En soledad, la mayor parte de su vida, Jeremías se vio obligado a acudir al Señor, en quien descargó todas sus preocupaciones, expresando su ira contra los que rechazaban las advertencias de Dios, llorando por el juicio que iba a llegar y agonizando ante la destrucción de Jerusalén. Dios lo alentaba continuamente, pero no dejaba que el profeta se retirara de su incómodo ministerio. Su gran pena por el pueblo hizo que se ganara el título de "profeta llorón".

Enseñanzas de Jeremías para la vida

Sentirse inadecuado no es excusa para no responder al llamamiento de Dios. Jeremías pensaba que era demasiado joven e inexperto para ser utilizado por Dios. Pero el Señor prometió estar con él y darle las palabras que era necesario decir. Usted nunca debe permitir que sus sentimientos de incapacidad lo mantengan apartado del llamamiento de Dios a servir. Si Dios tiene un trabajo para usted, Él le proporcionará los recursos para que pueda llevarlo a cabo.

Las dificultades son inevitables, pero Dios promete ayudarle a superarlas. La vida de Jeremías estuvo llena de adversidades. Fue ignorado y odiado. Su vida estuvo bajo amenaza en muchas ocasiones. Sufrió continuamente persecución. No obstante, al depender del amor de Dios, él lo soportó todo. Puede que usted nunca tenga que llegar a soportar tanto como Jeremías, pero sí puede utilizar los recursos que Dios puso a disposición de este profeta. No centre sus pensamientos, oraciones y energías en las dificultades. Más bien utilice los recursos de Dios para superarlas.

Su corazón debería sentir compasión. Dios le dijo a Jeremías que predicara un mensaje de juicio. Además de que esta tarea ya era en sí muy penosa, Jeremías tuvo que observar el sufrimiento de la nación, que se negó a obedecer el mensaje que se le presentaba. Se le rompía el corazón cuando veía su rechazo y el consiguiente sufrimiento. ¿Con qué frecuencia se le rompe el corazón ante el rechazo de los miembros de su familia, de sus amigos y vecinos no creyentes? Pídale a Dios que le dé un corazón quebrantado como el de Jeremías para que usted pueda sentir con más profundidad la necesidad de hablar del llamado al arrepentimiento de Dios.

La vida de persecución de Jeremías

Amenazas de muerte (11:18-23)

Aislamiento (15:15-21)

Ser azotado y puesto en el cepo (20:1-2)

Librarse por poco de la muerte (26:7-24)

Ser encarcelado (37:15)

Ser introducido en una cisterna sin comida ni agua (38:6)

Ser capturado (43:6)

Ezequiel

El predicador de la calle

*Hijo de hombre, yo te he puesto por atalaya a la casa de
Israel; oirás, pues, tú la palabra de mi boca,
y los amonestarás de mi parte.*

Ezequiel 3:17

⚭

Característica más notable: Fidelidad absoluta
Hecho más destacado: Proclama profecías sobre la futura
restauración de Israel
Época: 623-571 a.c. (vivió 52 años)
Nombre: *Ezequiel*, que significa "Dios fortalece"
Texto principal: Ezequiel

Contexto

El Imperio babilónico tiene el control firme de toda la región, desde
Egipto hasta el Golfo pérsico, tras haber vencido a todos los ejércitos
opositores. En el 605 a.c., comienza durante unos años una deportación
sistemática de tres grupos de judíos a Babilonia. Un jovencito llamado
Daniel va en el primer grupo, que está compuesto por niños educados
y dotados de origen real y noble. Esta deportación marca el comienzo
de los 70 años de exilio para Judá que se habían predicho (Jer. 25:11).
En el siguiente grupo de unos diez mil exiliados, va un sacerdote de 25
años de edad llamado Ezequiel. Después que él y su mujer se instalan
en Tel-abib, a orillas del río Quebar, Ezequiel comienza su carrera de
22 años de duración como "predicador de la calle" entre los exiliados.
Su mensaje principal trata de la inminente y completa destrucción
de Jerusalén y el templo de Salomón. Cuando llega la destrucción, se

produce la tercera y última deportación con los pocos sobrevivientes que quedaban en la tierra.

Breve resumen

De forma dramática, Ezequiel recibe una gloriosa visión de Dios y su trono en el cielo. Esta brillante visión de la gloria y el poder de Dios fortalecerá a Ezequiel para el difícil ministerio que está a punto de recibir. Muchos judíos exiliados en Babilonia esperan poder regresar pronto a Judá, así que a los 30 años, Dios ordena a Ezequiel que proclame la inminente destrucción de Jerusalén si sus habitantes no se arrepienten. Después cuando Jerusalén es destruida, Ezequiel entrega el mensaje de esperanza a los desanimados exiliados; una esperanza para el futuro, cuando Dios devolverá al pueblo de Israel a su tierra y derramará sobre ellos su bendición durante el reinado venidero del Mesías, Jesucristo.

Visión general

▶ **El mensaje de destrucción de Ezequiel:** *Ezequiel 1—33*

Apenas tiene la visión de Dios y su trono de gloria, el profeta Ezequiel empieza a predicar y demostrar la verdad de Dios, y a predecir el cerco y la destrucción de Jerusalén que se aproximan. Las personas, que están cautivas en Babilonia, se niegan testarudamente a creer que Dios destruirá la ciudad y el templo de Salomón. Esperan regresar a Judá en un futuro cercano. Pero Ezequiel advierte que el castigo por su pecado es seguro, y que Dios utilizará a los idólatras babilonios como instrumento para purificar a su pueblo. El mensaje de destrucción de Ezequiel se extiende también a las naciones de los alrededores de Judá. Se atreven a desafiar a Jehová diciendo que la destrucción de Judá es el resultado de la incapacidad de Dios para proteger esa nación. Estas naciones también experimentarán la ira del Dios y aprenderán que solo Él es poderoso.

▶ **Mensaje de restauración de Ezequiel:** *Ezequiel 33—48*

Tras la caída de Jerusalén, la predicación de Ezequiel toma una nueva dirección. Ahora proclama la esperanza de la restauración.

Jerusalén, el templo y el pueblo estaban impuros, y el proceso de limpieza exige 70 años de cautividad. Además, Dios promete devolver a Israel a su tierra, no solo físicamente, sino también espiritualmente. ¿Cómo se hará eso? Dios dará a las personas un "corazón nuevo" y pondrá en ellas su Espíritu (36:25-27). Ezequiel concluye su ministerio profético dando una descripción detallada del futuro templo que será el punto donde se concentrará toda la actividad durante el venidero reinado terrenal del Mesías.

Retrato

Desde el principio del ministerio de Ezequiel, Dios lo describió como su atalaya en las murallas de la ciudad. Un atalaya tiene una gran responsabilidad. Tiene que estar muy vigilante, porque si no está en su puesto, toda la ciudad que quiere proteger puede ser destruida. Como atalaya espiritual, el trabajo de Ezequiel era advertir a las personas del juicio que iba a venir sobre ellas. Mientras que los profetas Isaías y Jeremías ofrecieron advertencias nacionales, Dios le ordenó a Ezequiel que comunicara un mensaje de obligación individual. Cada persona de Judá y cada exiliado en Babilonia era responsable de confiar en Dios y obedecerle sin importar cómo actuaran los demás a su alrededor.

Ezequiel utilizó visiones, profecías, parábolas, señales y símbolos, mientras caminaba por las calles proclamando y representando el mensaje de Dios a su pueblo exiliado. Ezequiel murió en Babilonia 40 años antes de que sus profecías se cumplieran parcialmente por un primer grupo de judíos que regresaron a Judá bajo el liderazgo de Zorobabel, un descendiente del rey David.

Enseñanzas de Ezequiel para la vida

Dios lo está llamando para que sea su atalaya. Dios llamó a Ezequiel para que advirtiera a las personas del juicio que iba a venir si continuaban pecando. Si volvían de nuevo a Dios, serían salvados. Dios hizo responsable a Ezequiel de los demás judíos si fracasaba en advertirles las consecuencias de su pecado. Hoy día, Dios lo está llamando para que sea su atalaya. Tiene la responsabilidad de advertir a sus familiares, amigos y compañeros de trabajo de las consecuencias de vivir apartados de Dios. La forma en que ellos respondan es algo entre ellos y Dios. ¿Está listo para asumir su papel de atalaya?

Dios espera obediencia personal. La importancia de que cada persona diera cuentas a Dios era la parte central del mensaje de Ezequiel. El amor de Dios y su preocupación por la santidad personal se extendió a todas las personas de Judá y a los exiliados en Babilonia. Hoy día es fácil pensar que nos podemos mezclar entre la multitud de los asistentes a la iglesia sin sentir el peso personal de dar cuentas a un Dios santo por nuestras acciones. Pero solo hay que leer las advertencias de Ezequiel a Judá para darnos cuenta de que Dios está interesado personalmente en nosotros y en nuestras acciones. Él desea que "...presentéis vuestros cuerpos en sacrificio vivo, santo, agradable a Dios, que es vuestro culto racional" (Ro. 12:1).

Dios siempre ofrece esperanza incluso en las horas más oscuras. Jerusalén estaba destruida, y los habitantes que quedaban se dispersaron por tierras extranjeras. Todo parecía desesperanzador. No obstante, incluso en la hora más oscura del pueblo, Ezequiel trajo el mensaje de Dios de gran esperanza para el futuro. Sí, habría un sufrimiento inmediato debido al pecado, pero Dios tenía un plan para la supervivencia de Israel. Hoy día, puede que usted esté experimentando una época de oscuridad y desolación en su vida, pero no desespere. Dios le ha dado los recursos en su Hijo Jesús, que le permiten sobrellevarla y sobrevivir incluso a la pena y el dolor más intenso. Hay ayuda si quiere confiar en la fuerza del Señor y su poder.

Ezequiel ilustra sus mensajes con...

1. **La vid:** Judá no sirve más que para ser quemada (15).

2. **El niño abandonado:** Describe la traición de Israel al amor y la compasión de Dios (16).

3. **El águila y el cedro:** Ejemplifica la rebelión del rey Sedequías y la consiguiente destrucción de Jerusalén (17).

4. **Las escorias:** Explica el proceso que va a utilizar Dios para purificar a su pueblo, a través del "calor" del asedio a Jerusalén (22:17-22).

5. **Las dos hermanas prostitutas:** Simbolizan el adulterio espiritual de Israel y Judá (23).

6. **La olla hirviente:** Muestra la manera en que Dios purificará a Jerusalén (24:1-14).

7. **El hundimiento:** Ilustra el juicio que caerá sobre la ciudad-estado de Tiro (27).

8. **Los pastores malvados:** Representa a los líderes irresponsables de Jerusalén y el juicio contra ellos (34).

9. **Los huesos secos:** Describe la renovación espiritual de la nación de Israel (37).

Daniel

Un hombre de convicciones

En tu reino hay un hombre en el cual mora
el espíritu de los dioses santos, y en los días de
tu padre se halló en él luz e inteligencia y sabiduría,
como sabiduría de los dioses...

DANIEL 5:11

☖

Característica más notable: Integridad
Hecho más destacado: Sirvió fielmente a Dios, mientras
servía fielmente a tres reyes en dos imperios
Época: 620-535 a.c. (vivió 85 años o más)
Nombre: *Daniel*, que significa "Dios es mi juez"
Texto principal: Daniel

Contexto

La historia de Daniel comienza en el 605 a.c., cuando Babilonia conquista Jerusalén, y él es llevado cautivo a esa nación junto con otros jóvenes prometedores de noble cuna. Serán entrenados en la cultura y el idioma de los babilonios y servirán en diferentes puestos gubernamentales. Daniel vivirá una larga vida y verá la caída del Imperio babilónico y el ascenso del Imperio medo-persa. Vivirá para ver el decreto sobre el regreso de los judíos a Jerusalén tras 70 años de exilio.

Breve resumen

Daniel es un adolescente cuando es arrancado de su tierra natal y obligado a entrar en un programa de entrenamiento diseñado para

prepararlo, a él y a otros jóvenes, para servir al gobierno babilónico.
Utilizando la sabiduría que Dios le ha dado y su integridad personal,
Daniel saca el mayor provecho posible del exilio y, con la ayuda de
Dios, rápidamente llega a ocupar un papel de hombre de estado y de
consejero de reyes. No solo interpreta los sueños de los reyes, sino que
también recibe visiones de Dios que describen las etapas sucesivas
del decaimiento del poder de los gentiles a lo largo de los siglos, hasta
el momento en que el Mesías acabe con toda la dominación de los
gentiles e introduzca su gran reino bendecido.

Visión general

▶ Daniel sirve a Nabucodonosor: *Daniel 1—2*

El primer contacto de Daniel con el rey que destruyó su país se
produce cuando él y sus tres amigos se gradúan luego de tres años
de entrenamiento en la escuela real. Son entrevistados por el rey
Nabucodonosor y demuestran tener una habilidad increíble y ser más
capaces que todos los demás que han seguido su mismo entrenamiento
en la escuela.

Poco después de su promoción, Daniel se encuentra de nuevo con
el rey y le revela el significado de un sueño inquietante que aquel
había tenido; un sueño que nadie más había podido interpretar. El rey
queda impresionado y confirma al Dios de Daniel con estas palabras:
"...Ciertamente el Dios vuestro es Dios de dioses, y Señor de los reyes,
y el que revela los misterios, pues pudiste revelar este misterio" (2:47).
Daniel es nombrado gobernador de toda la provincia de Babilonia y jefe
supremo de todos los hombres sabios del país (v. 48).

El tercer encuentro que se registra entre Daniel y el rey se produce
algún tiempo después, cuando se le pide que interprete otro sueño.
Esta vez Daniel advierte al rey que no debe otorgarse el mérito de lo
que Dios ha hecho por él y su reino. El rey ignora la advertencia y se
vuelve loco durante algún tiempo, hasta que recobra la razón y bendice
al Altísimo, y alaba y glorifica al que vive para siempre (4:34).

▶ Daniel sirve a Belsasar: *Daniel 5*

Tras la muerte de Nabucodonosor, la sabiduría de Daniel parece ser
ignorada durante 20 años hasta la noche antes de la caída de Babilonia

bajo los medo-persas. El rey Belsasar está celebrando un banquete en su palacio cuando aparece milagrosamente un escrito sobre la pared. El rey manda traer a Daniel para que interprete el sueño, lo cual él hace: es un mensaje de perdición procedente de Dios. Esa noche, la ciudad cae bajo el dominio de los medas y los persas.

▶ **Daniel sirve a Darío:** *Daniel 6*

Darío, el rey del Imperio medo-persa, está ahora al mando y reorganiza todas las tierras conquistadas en 120 provincias. Daniel es uno de los tres gobernadores que otra vez se distingue de entre los demás y es tenido en cuenta para un ascenso como único gobernante después del rey. Los líderes celosos y codiciosos que trabajan con el rey odian a Daniel e idean una trampa para deshacerse de él. Manipulan a Darío para que ordene que Daniel sea tirado al foso de los leones porque no dejaba de orar al único Dios verdadero. Una vez más, como en el pasado, Dios protege a Daniel, y los líderes son asesinados por los mismos leones que se esperaba que devoraran a Daniel.

▶ **Daniel sirve a Dios...**

- negándose a contaminarse con la comida del rey Nabucodonosor cuando no era más que un adolescente;
- acudiendo a Dios en oración y pidiéndole que revele el significado del sueño del rey Nabucodonosor;
- alabando públicamente a Dios por revelarle el significado del sueño del rey;
- reprochando valerosamente al rey Nabucodonosor su orgullo;
- acudiendo a orar fielmente a pesar del decreto real de que era ilegal orar a nadie que no fuese el propio rey;
- pidiendo perdón humildemente por él y por el pueblo de Israel anticipándose a la pronta liberación de la nación del exilio;
- convirtiéndose en la voz tanto de judíos como de gentiles al declarar los planes de Dios para el futuro del mundo.

Retrato

A lo largo de su vida, Daniel está totalmente comprometido con Dios a pesar de servir en puestos políticos en gobiernos de dos sociedades totalmente seculares y paganas. Es una persona muy íntegra y fiel, cuya total honestidad y lealtad le granjearon el respeto y la admiración de los poderosos dirigentes paganos. No obstante, incluso en su posición exaltada de consejero de confianza, Daniel sigue siendo un siervo humilde, cuya honestidad irrita constantemente a los otros políticos codiciosos y hambrientos de poder. Su credibilidad se extiende más allá del palacio del rey y llega a los escritos de Ezequiel, un contemporáneo suyo, que también vive en Babilonia. Ezequiel menciona a Daniel como uno de los tres hombres famosos por su rectitud y sabiduría (Ez. 14:14; 28:3). La relación devota de Daniel con Dios le permite vivir sin ser corrompido y tener una gran influencia sobre los dos poderes mundiales durante más de 80 años.

Enseñanzas de Daniel para la vida

Una vida de compromiso empieza con la oración. Tan pronto como Daniel escucha las demandas del rey Nabucodonosor de interpretar su sueño, él y sus amigos van a orar. Daniel practicó la oración toda su vida, era lo que "solía hacer" (Dn. 6:10). Por eso cuando surgían los problemas, Daniel estaba preparado para enfrentarse a ellos. ¿Cuál es su hábito de oración? No espere a tener dificultades para empezar a orar. Comience a hacerlo para que, cuando surjan las dificultades, usted esté preparado para afrontarlas.

Una vida de compromiso requiere convicción. Incluso siendo adolescente, Daniel ya tenía convicciones muy firmes sobre sus hábitos alimenticios. En lugar de comer la comida elegida por el rey, Daniel y sus tres amigos decidieron seguir las leyes de Dios sobre cómo alimentarse; incluso bajo amenaza de muerte. Esta convicción tan temprana estableció el camino en los siguientes 70 años o más de la vida de Daniel. ¿Tiene usted convicciones piadosas? Si no es así, se está preparando para una derrota espiritual. Las convicciones le ayudarán a mantenerse alejado de tentaciones, y le ofrecerán sabiduría y estabilidad en momentos de incertidumbre. ¡Son imprescindibles para una vida cristiana victoriosa!

Una vida de compromiso aporta valor. El valor de Daniel en el foso de los leones procedía de haber confiado siempre en Dios, en todos los aspectos de su vida. Fue el mismo valor que los tres amigos de Daniel mostraron cuando los amenazaron con la muerte en un horno de fuego si no se postraban ante la imagen del rey (3:17-18). Puede que usted no tenga que enfrentarse a un horno de fuego ni literalmente a un foso lleno de leones, pero su fe es puesta a prueba diariamente. ¿Mantiene su fe en Dios con fuerza sin importar lo que pase? ¿Tiene el valor de hacer aquello que honra a Dios? Fortalezca su fe día tras día viviendo según sus compromisos con Dios, y Él le dará el valor para vivir cada día para Él.

La piadosa actitud de Daniel en la oración de Daniel 9

Daniel sintió la necesidad de orar: tenía esa carga.

Daniel hizo preparativos para orar: ayunó, se vistió de cilicio y de ceniza.

Daniel se presentó ante Dios con actitud humilde: sus acciones revelaban su corazón.

Daniel se presentó ante Dios con una actitud de adoración: sus primeras palabras son, "Señor, Dios grande".

Daniel se presentó con actitud penitente: reconocía sus pecados y los pecados del pueblo.

Jonás

El profeta reacio

Levántate y ve a Nínive, aquella gran ciudad,
y pregona contra ella; porque ha subido
su maldad delante de mí.

JONÁS 1:2

&

Característica más notable: Orgullo nacional
Hecho más destacado: Predicó a Nínive
Época: Ministró durante el reinado de Jeroboam II (793-758 a.c.)
Nombre: *Jonás*, que significa "paloma"
Texto principal: Jonás

Contexto

El reino de Israel disfruta de un tiempo de relativa paz y prosperidad durante el reinado de Jeroboam II (793-753 a.c.). Tanto Siria como Asiria son débiles, y permiten a ese rey ampliar el reino del norte hasta los límites conocidos durante los días de David y Salomón. Con esta expansión, ha llegado un renovado sentimiento de orgullo nacional y de desdén hacia las naciones de los alrededores. Sin embargo, espiritualmente la nación continúa en una espiral hacia abajo que la lleva al ritualismo y a la idolatría. Con la paz y la prosperidad, se produce una aceleración hacia la total bancarrota espiritual.

El profeta Amós viajará al norte desde Judá para tratar los dos principales pecados de Israel: la ausencia de culto verdadero y la falta de justicia hacia los desafortunados. Y al mismo tiempo, Jonás, residente de Gat-hefer (cerca de Nazaret, en el reino del norte), será llamado por Dios para llevar un mensaje a un poder mundial en alza y uno de los principales enemigos, Asiria, y su capital Nínive. En un periodo de 50 años, Asiria destruirá el reino del norte de Israel y hará cautivo a su pueblo.

Breve resumen

Jonás, hijo de Amitai, nace en el reino del norte. Dios le pide que vaya a Nínive, la capital del Imperio asirio. Como Jonás no quiere tener nada que ver con el llamado de Dios, se rebela, se mete en un barco en el puerto de la ciudad de Jope y se dirige al oeste hacia Tarsis, una ciudad en lo que ahora es España, en lugar de dirigirse hacia el este, hacia Nínive. (Esta es la única vez que la Biblia habla acerca de un profeta que rechaza su llamamiento). Dios al final consigue la atención de Jonás, y este por fin obedece, va a Nínive y predica un mensaje de arrepentimiento.

La ciudad responde arrepintiéndose, y Jonás no se siente feliz por ello. Dios razona pacientemente con su profeta, revelándole su amor y compasión por los perdidos, lo cual contrasta con la falta de piedad de Jonás.

Visión general

▸ **Huye de la presencia de Dios:** *Jonás 1*

Dios le pide a Jonás que lleve un mensaje de juicio a Nínive. En lugar de arriesgar su reputación yendo a los gentiles, especialmente a los asirios enemigos de Israel, Jonás huye a Tarsis en un barco. Sin embargo, Dios envía una gran tempestad que evita que Jonás se salga con la suya.

▸ **Dentro del vientre del gran pez:** *Jonás 2*

Jonás se da cuenta de que la violenta tormenta que agita el barco proviene de Dios, y que es su rebelión lo que está poniendo en peligro a la tripulación. Por eso pide ser arrojado por la borda. Un gran pez, preparado por Dios, se traga a Jonás. Después de tres días y tres noches, el profeta finalmente clama al Señor, reconoce el poder que tiene sobre su vida y se somete a su llamado.

▶ **Extiende el mensaje de juicio:** *Jonás 3*

A Jonás se le ofrece por segunda vez la oportunidad de llevar el mensaje de juicio a Nínive. Él predica el sermón más corto del mundo sobre avivamiento: "...De aquí a cuarenta días Nínive será destruida" (v. 4), a una ciudad a la que tarda en dar la vuelta tres días (casi 100 km de circunferencia). Las 600.000 personas que vivían en la ciudad "...creyeron a Dios... desde el mayor hasta el menor de ellos" (v. 5). El rey da ejemplo y demuestra su arrepentimiento cambiando sus ropas por otras de luto.

▶ **Espera la destrucción:** *Jonás 4*

La ira de Dios por el pecado de Nínive desaparece, y Jonás se enoja porque él quería que Dios descargara su ira divina sobre la ciudad. Desde el principio, Jonás había comprendido el carácter generoso de Jehová y, por eso, había intentado huir de su misión. Él había recibido la misericordia de Dios, pero no quería que Nínive también la experimentara.

Retrato

Jonás fue un profeta reacio al que se le dio una misión que no quería cumplir. Creció odiando a los asirios y temiendo su crueldad. Su odio era tan fuerte que prefirió huir de Dios antes que obedecerle. Tras ser tragado milagrosamente por un gran pez, Jonás recobró el juicio y obedeció el mandato de Dios. Viajó a Nínive y predicó el mensaje de juicio divino. Y sus peores temores se hicieron realidad: ¡la mayoría de las personas se arrepintió! Jonás estaba enojado porque Dios había librado a Nínive del castigo. Quería que la ciudad fuera destruida. Estaba más preocupado por el orgullo nacional que por los perdidos; especialmente porque pertenecían a la nación enemiga.

Enseñanzas de Jonás para la vida

Dios responde a las plegarias de los que le suplican. Dios conservó la vida de los marineros del barco que iba a Tarsis cuando ellos suplicaron pidiendo misericordia. Dios salvó a Jonás cuando este oró dentro del pez. También salvó a Nínive cuando el pueblo respondió a la predicación de Jonás. La voluntad de Dios es que todos nos arrepintamos. ¿Ha clamado al Señor pidiendo misericordia? Si no es así, no espere hasta que sea demasiado tarde y la misericordia de Dios se transforme en castigo.

Dios le da muchas segundas oportunidades. El Señor pasó por alto la rebelión de Jonás y le concedió una segunda oportunidad de servirlo: "Vino la palabra de Jehová por segunda vez a Jonás…" (3:1). Dios continuó mostrando paciencia cuando Jonás se enojó por el arrepentimiento de Nínive. Lo trató con ternura incluso cuando este tuvo una reacción infantil por la muerte de una planta, mientras demostraba poca preocupación por las necesidades espirituales de Nínive. Dios fue paciente y dio al profeta una segunda oportunidad. ¿Cuántas segundas oportunidades le ha dado Dios? Deténgase a contar las bendiciones y la misericordia que Él le ha concedido.

Dios ama a todos. Por su orgullo nacional, Jonás y su nación creían que tenían el derecho exclusivo del único Dios verdadero. Para ellos, Él era el Dios de Israel, y los demás quedaban excluidos de tener ese derecho. Pero Dios utilizó a Jonás para demostrar que su amor y compasión abarcaba a toda su creación; incluso el enemigo de Israel, Asiria. Los asirios seguramente no se merecían la gracia y la misericordia de Dios, pero así es la gracia divina: es un favor inmerecido. ¿Qué perspectiva tiene del mundo perdido, empezando por las personas cercanas o los familiares, y pasando por los que están lejos y tienen costumbres y apariencias muy distintas a la suya? Conviértase en un "cristiano mundial" y vea a los demás como los ve Dios: con misericordia y compasión, y con deseo de que lleguen a arrepentirse y a conocer a su Hijo, el Señor Jesucristo.

No se puede esconder de Dios. Por rebeldía, Jonás intentó escapar del llamamiento de Dios, quien no tardó mucho en demostrar su omnipresencia, o sea que está en todas partes. La presencia de Dios es tan real hoy día como lo era en los tiempos de Jonás. ¿Dios lo está llamando para servirlo de alguna forma? ¿Está usted intentando evitarlo o ignorarlo? Puede que Dios no intervenga en su vida de forma tan espectacular como lo hizo en la de Jonás, pero esté totalmente seguro de que no podrá huir de su presencia. No espere a que Dios tome medidas drásticas. ¡Responda ahora!

Visión general de los profetas menores

Profeta	Fecha a.C.	Dónde profetizó	Mensaje
Abdías	840	Judá/Edom	Destrucción de Edom
Joel	835	Reino del sur	"El día de Jehová"
Jonás	760	Nínive	Arrepentimiento o castigo
Amós	755	Reino del norte	Advertencia del juicio que va a llegar
Oseas	740	Reino del norte	Fidelidad de Dios
Miqueas	730	Reino del sur	Los líderes deben dejar de explotar a los pobres
Nahum	660	Reino del sur	Destrucción de Nínive
Sofonías	625	Reino del sur	"El día de Jehová"
Habacuc	607	Reino del sur	¿Por qué los malvados se quedan sin castigo?
Hageo	520	Judá	Reconstrucción del templo
Zacarías	515	Jerusalén	La venida del Mesías
Malaquías	430	Jerusalén	Dejar de ocultarse de Dios

María
Una sierva del Señor

...hágase conmigo conforme a tu palabra
LUCAS 1:38

&

Característica más notable: Humildad
Hecho más destacado: Madre de Jesús
Época: 20 a.c. hasta después de la resurrección de Jesús y el nacimiento de la Iglesia
Nombre: *María*, que significa "amargura"
Textos principales: Mateo 1—2; 12:46; Lucas 1—2; Juan 2:1-11; 19:25; Hechos 1:14

Contexto

Han pasado 400 años desde que terminó el último libro del Antiguo Testamento, Malaquías, y 500 desde la última vez que la Biblia relata un milagro. Durante este tiempo, la pequeña nación de Judea ha estado sujeta a distintos poderes extranjeros. En el momento actual, están dominados por Roma. En medio de estos problemas políticos, un pequeño número de hombres y mujeres devotos esperan al Mesías, el Prometido, el que creen que los liberará de la dominación. María, una adolescente de la ciudad de Nazaret, al norte del país, es una de esas personas devotas. Cuando Dios considere que es el momento adecuado, ella va a experimentar el mayor milagro desde el comienzo de la historia del hombre.

Breve resumen

María es una adolescente judía de una pequeña ciudad en una parte recóndita del mundo. Es de la tribu de Judá y de la línea real de David. Al ser virgen, la joven lleva dentro de sí a Cristo de una forma milagrosa. Tras el nacimiento de Jesús, María se casa formalmente con José, el hombre con el que está prometida, un varón recto también perteneciente a la línea de David. Es carpintero y vive humildemente en Nazaret. Ella y José tienen cuatro hijos y varias hijas. Sus hijos son Santiago (Jacobo), José, Simón y Judas. Si ella les contó a sus otros hijos su experiencia con el ángel, los pastores, los reyes magos de oriente o la huida a Egipto no queda recopilado en las Escrituras. María está presente cuando Jesús realiza el primer milagro de transformar el agua en vino (Jn. 2:1-8). Después de esto, solo se hace una breve mención sobre ella. Se la nombra por última vez en Hechos 1:14 como miembro de un grupo de creyentes que oran y esperan por la promesa del Espíritu de Dios.

Visión general

▸ **La selección de María:** *Lucas 1:26-33*

En el verano del año 5 a.C., María, una hija de Elí, de la tribu de Judá, está viviendo en Nazaret. Es una jovencita quinceañera, prometida a José, un carpintero de la localidad. Las Escrituras no dan más información sobre sus orígenes. De todas las judías jóvenes de Judea, ¿por qué fue elegida ella para dar a luz a Cristo? Su humildad, su espíritu gentil y tranquilo, y su piedad nos pueden dar alguna pista. En el plan predeterminado por Dios, en el momento adecuado dentro de la historia, el ángel Gabriel viene a María con un mensaje divino y le anuncia que será la madre del tan esperado Mesías. Esto sucederá con el poder del Espíritu de Dios.

▸ **La sumisión de María:** *Lucas 1:34-38*

Lo que resulta sorprendente en el anuncio de la selección de María es la forma en que ella recibe tales noticias. En ningún momento se muestra escéptica o indecisa. Solo hace una pregunta inteligente a Gabriel: ¿Cómo se va a convertir ella en la madre de Jesús siendo virgen? Después de la explicación del ángel de cómo se producirá el milagro, María, con fe y aceptación total, dice: "...He aquí la sierva del Señor; hágase conmigo conforme a tu palabra" (Lc. 1:38).

> **La salutación de María:** *Lucas 1:39-55*

María viaja al sur a visitar a una pariente de más edad, Elisabet, que también va a tener un hijo. Para sorpresa de María, al entrar en la casa, Elisabet, sin duda guiada por el Espíritu Santo, expresa su bendición por el niño que María lleva en su vientre. Después, María, con gran gozo, alaba y da gracias a Dios por su hijo que aún no ha nacido, su Salvador. Su cántico al Señor está repleto de citas del Antiguo Testamento. Esto revela que el corazón y la mente de María están llenos de la Palabra de Dios. Su cántico contiene muchas similitudes con las oraciones de Ana en 1 Samuel 1:11; 2:1-10.

> **La pena de María:** *Lucas 2:35*

Como Dios encarnado en hombre, desde sus primeros años, Jesús debe haber sido consciente de quién era, de dónde procedía y cuál era su misión en el mundo. Este conocimiento marca una diferencia importante en la relación madre-hijo entre María y Jesús. Diversos incidentes a lo largo de los años hacen que María, tristemente, se dé cuenta de que Jesús no es responsable ante ella en el sentido que se espera en una relación madre-hijo:

- Cuando Jesús se quedó en Jerusalén sin que lo supieran sus padres a la edad de 12 años, demostró no ser un niño dependiente. Dijo: "...¿Por qué me buscabais? ¿No sabíais que en los negocios de mi Padre me es necesario estar?" (Lc. 2:49).

- Cuando le pidió a Jesús que hiciera algo para arreglar lo de la falta de vino en la boda, Él le dijo a María: "...¿Qué tienes conmigo, mujer? Aún no ha venido mi hora" (Jn. 2:4).

- Cuando le dijeron a Jesús que su familia lo esperaba fuera para hablar con él, mientras Él todavía estaba hablando con la multitud, dijo: "...¿Quién es mi madre, y quiénes son mis hermanos?..." (Mt. 12:46-50).

Aunque fue muy favorecida y bendecida entre todas las mujeres, la vida de María es un cáliz de amargura que se llena. Ella se verá obligada a beberlo en la crucifixión de Jesús. Isaías describe a Cristo como "...varón de dolores y experimentado en quebranto..." (53:3), y María participó de ese dolor.

▸ **La salvación de María:** *Hechos 1:14*

Nada en las Escrituras sugiere que María deba ser objeto de adoración o culto. Su vida revela más bien lo contrario. Desde el momento en que ella pronuncia su famoso Magníficat en Lucas 1:46-55, describiendo a Jesús como "mi Salvador", ella se da cuenta de que necesita un Salvador y reconoce al verdadero Dios como tal. Después, tras la resurrección y ascensión del Señor, María se identifica como creyente en Jesús cuando se reúne con los demás creyentes en el aposento alto en Hechos 1:14.

Retrato

En las Escrituras, se ve a María como una mujer reflexiva y humilde. Al haberle dicho el ángel Gabriel en qué se iba a convertir su vida, María asimiló cada nuevo suceso con interés solitario. Su vida sería como el significado de su nombre, "amargura", porque tendría muchas experiencias amargas y desde entonces nunca sería la misma. Ocho días después del nacimiento de Jesús, según la ley, María y José presentaron al niño en el templo de Jerusalén, que estaba a pocos kilómetros de Belén. El Espíritu Santo le había dicho a Simeón que vería al "Ungido del Señor" antes de morir (Lc. 2:26). Por eso, cuando llegaron, él tomó al niño y bendijo a Dios; hizo una predicción sobre Jesús y después otra sobre el futuro de María: "Una espada traspasará tu misma alma..." (Lc. 2:35).

Como María quedó embarazada de Jesús antes de casarse con José, su reputación quedó manchada para siempre (Jn. 8:41). Además, su hijo mayor sería mal entendido, incluso por su madre, cuando a la edad de 12 años habló de estar en los negocios de su Padre (Lc. 2:49). También los otros hijos de María no creían en Jesús, al menos no al principio. De hecho, se burlaban de Él y, en una ocasión, dijeron que estaba loco. Quisieron sacarlo de una gran reunión donde Él estaba hablando (Mr. 3:21, 31; Jn. 7:3-5). Tras soportar 30 años de vergüenza y desprecio, María tuvo que sufrir que las reclamaciones de su Hijo fueran rechazadas, la pena de su juicio y finalmente la agonía de su crucifixión y muerte. Aunque le resultó difícil estar allí al pie de la cruz viendo morir a su hijo, ella tampoco podía irse. La última mención que la Biblia hace de María es en Hechos 1:14. Allí vemos que está en el aposento alto, con sus hijos que ahora son creyentes. Están orando y esperando junto con otros la llegada del Espíritu Santo, que los capacitará para servir en la Iglesia. Con todo el sufrimiento que ha soportado, su última aparición muestra felicidad. Su Hijo está vivo para siempre, y su vida ha cambiado. Jesús una vez fue su hijo, pero ahora ella es la hija. Ella puede descansar tranquila y tomar su lugar junto con los demás que alaban a Jesús como el Hijo de Dios.

Enseñanzas de María para la vida

Responder positivamente a la voluntad de Dios. A María le habían dicho que algo sorprendente le sucedería. Tendría un hijo sin la ayuda de un padre terrenal. Su respuesta, incluso sin saber cómo podía ser eso, fue la humilde sumisión. ¿Cómo responde usted cuando recibe malas noticias o es tratado injustamente? ¿Duda o se queja? Haga como María. Confíe en que nuestro Dios misericordioso sabe lo que es mejor para su vida... aunque pueda parecerle absurdo o injusto. Acepte su voluntad y el plan perfecto que tiene para usted. La vida puede resultar difícil a veces como le ocurrió a María, pero Dios la cuidó y hará lo mismo por usted.

Guardar la Palabra de Dios en su corazón. Después de que el ángel Gabriel le había contado a María las maravillosas noticias sobre su futuro, ella viajó para ver a su prima, Elisabet, que también esperaba un hijo. El cántico de alabanza de María cuando llegó a casa de su prima se lo denomina el Magníficat, porque magnifica y engrandece al Señor. En este cántico de alabanza, hay al menos 15 citas del Antiguo Testamento; María estaba expresando lo que había en su corazón. ¿Qué hay en su corazón y en su boca en estos momentos? Guarde la Palabra de Dios en su corazón para que cuando su boca se abra, la Palabra fluya efusivamente en forma de alabanza.

Pasar tiempo a solas con Dios. Tras el nacimiento de Jesús y la llegada de los pastores, que declararon que seres angélicos se les habían aparecido cantando alabanzas a Dios, el escritor Lucas dice: "...María guardaba todas estas cosas, meditándolas en su corazón" (Lc. 2:19). María pasaba tiempo reflexionando en las cosas que ocurrían en su vida. Que el ejemplo de esta mujer le sirva de recordatorio de su necesidad de pasar tiempo a solas con Dios para reflexionar sobre lo que Él está haciendo en usted. ¿Cuándo fue la última vez que pasó tiempo a solas con Dios? En esos momentos de contemplación, se aprende a apreciar todo lo que Él ha hecho, está haciendo y hará. Muchas veces este tipo de soledad marca la diferencia entre ser un cristiano ordinario o uno extraordinario.

Otras mujeres llamadas *María* en el Nuevo Testamento

María, la madre de Jacobo y José (Mt. 27:56).

María, la madre de Jacobo, el menor (Mr. 15:40).

María Magdalena, que había sido sanada de espíritus malos (Lc. 8:2).

María de Betania, la hermana de Marta y Lázaro (Lc. 10:39).

María, la esposa de Cleofas (Jn. 19:25).

María, la madre de Juan Marcos (Hch. 12:2).

María, que trabajó mucho por la iglesia en Roma (Ro. 16:6).

Juan el Bautista

El predecesor del Mesías

De cierto os digo: Entre los que nacen de mujer no se
ha levantado otro mayor que Juan el Bautista...
Mateo 11:11

☥

Característica más notable: Un portavoz de Dios sin miedo a nada
Hecho más destacado: El último y más grande de los profetas del Antiguo Testamento, un mensajero de Dios que anunciaba la llegada de Jesús
Época: 4 a.C. hasta 28 d.C.
Nombre: *Juan*, que significa "Dios es misericordia"
Textos principales: Mateo 3; 11; Marcos 1; 6; Lucas 1—3; 7 y Juan 1—3

Contexto

Han pasado más de 400 años desde las últimas palabras proféticas de Malaquías en las que hablaba de la llegada de "el profeta Elías" (Mal. 4:5). Elías o alguien semejante a él iba a venir a anunciar la llegada del Mesías (3:1). Ahora finalmente, tras cientos de años, el nacimiento de esta persona es anunciado por un ángel a un sacerdote anciano llamado Zacarías. El ángel dice que la mujer de Zacarías, Elisabet, que es estéril, dará a luz a un hijo que se llamará Juan. Él preparará al pueblo de Israel para la llegada del Señor.

Breve resumen

Los padres de Juan eran ambos descendientes de la línea sacerdotal de Aarón. Eran de edad avanzada; por lo tanto, su nacimiento es tan milagroso como el anuncio del ángel Gabriel. Este hijo va a mantener el estilo de vida restrictivo de un nazareo. Juan está lleno del Espíritu de Dios, incluso mientras todavía está en el vientre de su madre. Sus primeros años de vida se pueden resumir en una oración: "Y el niño crecía, y se fortalecía en espíritu; y estuvo en lugares desiertos hasta el día de su manifestación a Israel" (Lc. 1:80). Desde el momento en que Juan empezó a predicar, siguió los pasos del poder y el espíritu de Elías.

Visión general

▶ **Ministerio de Juan:** *Juan 1*

De adulto, Juan vive en el desierto. Va vestido con una piel de camello, un atuendo muy parecido al de Elías (2 R. 1:8), y come saltamontes y miel. Aparece cerca del río Jordán y empieza a predicar dos sermones principalmente: el Mesías prometido está a punto de llegar, y sus oyentes deben arrepentirse en preparación para su llegada. Juan es abrupto y agresivo. No tiene miedo a nadie, en especial a los líderes religiosos. Él los denomina "generación de víboras" (Mt. 3:7). Aunque ellos lo ridiculizan, las personas comunes y corrientes, como Andrés y su hermano Pedro, y Santiago y su hermano Juan, se sienten atraídos por su mensaje persuasivo.

▶ **Descubrimiento de Juan:** *Juan 1*

Para preparar el mensaje del Mesías, Juan pide al pueblo que se bautice y demuestre su deseo de cambiar su manera de actuar. Cuando Jesús viene a bautizarse, Juan se opone (Mt. 3:13-15), sabiendo que su pariente (María y Elisabet eran primas) es una persona piadosa. Jesús insiste en identificarse con el mensaje de Juan. Durante el bautismo, este ve al Espíritu Santo descender sobre la cabeza de Jesús y escucha la voz de Dios que anuncia que Cristo es su Hijo amado (v. 17).

Más tarde, Juan presenta a Jesús ante sus discípulos como "el Hijo de Dios" (v. 34), un día más tarde como "el Cordero de Dios" (v. 36). Una vez que aparece Cristo, Juan hace de Jesús su centro de predicación. Al cabo de unos meses, las multitudes que seguían a Juan siguen a Jesús.

▶ **Encarcelamiento de Juan:** *Marcos 1:14*

Aunque la multitud decrece, Juan continúa reprobando a Herodes Antipas, hijo de Herodes el Grande, por su matrimonio con la esposa de su hermano, además de otros variados pecados. Herodes encarcela a Juan; le teme por su popularidad y no desea hacer nada más que mantenerlo en prisión.

▶ **Dudas de Juan:** *Lucas 7:18-24*

Como muchos otros judíos piadosos, Juan está esperando que el Mesías conduzca a Israel a su pasada gloria y establezca un reino eterno. Desde la prisión, Juan no escucha ningún informe de que eso se esté produciendo. Por eso, envía a dos de sus discípulos para preguntar a Jesús: "¿Eres tú el que había de venir o esperaremos a otro?". Cuando los mensajeros de Juan ven a Jesús, Él está curando muchos enfermos. Después cita Isaías 35:5-6, un pasaje que describe una función del ministerio del Mesías predicado. Los mensajeros regresan a Juan y le cuentan esta prueba positiva de que realmente Jesús es el Mesías prometido en el Antiguo Testamento.

▶ **Muerte de Juan:** *Marcos 6:14-29*

Herodías, la esposa de Herodes, está resentida con Juan por haber predicado sobre su pecado y decide que él debe morir. Aprovechándose de una promesa que Herodes le hizo después de que su hija los deleitara a él y a otros invitados en un banquete, ella pide la cabeza de Juan en una bandeja. Aunque está poco convencido de hacerlo, Herodes accede y envía a un ejecutor, que corta la cabeza de Juan en prisión. Los discípulos de Juan entierran su cuerpo y van a contarle a Jesús cuál ha sido el destino de su primo. Más tarde, cuando Jesús se hace más conocido, Herodes cree que Cristo puede ser Juan el Bautista, que ha regresado de la muerte para atormentarlo.

Retrato

Jesús denominó a Juan como el último y más grande de los profetas; un gran tributo viniendo del más grande de todos (Lc.

7:28). Juan era un personaje impresionante. Era muy atrevido, como Elías. No obstante, su vida se caracterizó por la negación de sí mismo, la humildad y el valor. Su aspecto y forma de vivir eran tan severos que muchos creían que estaba poseído por un demonio. En su humildad, él solo se consideraba a sí mismo una "voz" que clamaba para que todos se prepararan para la llegada del Mesías, de quien él no era digno de desatar la correa de su calzado. Y cuando el Señor llegó, Juan condujo a sus discípulos hasta Él para que lo siguieran. Por su valor, fue encarcelado y finalmente llevado a la muerte a la edad de 30 años, habiendo ministrado sólo durante un año aproximadamente.

Enseñanzas de Juan el Bautista para la vida

Debe estar preparado para dejar paso a alguien que esté mejor dotado que usted. Juan tenía muchos y muy devotos seguidores. No obstante, cuando Jesús apareció en escena, Juan inmediatamente condujo a sus discípulos hacia Él. Desde ese momento, su ministerio empezó a decrecer. Como Juan, usted debe reconocer a los que están mejor preparados y, voluntariamente, dejarles paso. Como Juan, su lema debe ser: "Es necesario que él crezca, pero que yo mengüe" (Jn. 3:30).

Usted ha sido capacitado por el Espíritu de Dios para realizar una misión. El ángel Gabriel anunció el nacimiento de Juan y dio detalles sobre su misión. Cuando este creció, dedicó su vida a cumplirla. Usted también ha sido especialmente dotado por el Espíritu de Dios para realizar una misión en particular. Él le ha dado todos los recursos espirituales que necesita para llevarla a cabo. Pídale que le ayude a determinar cuál es su misión en la vida y cómo quiere Él que la haga. La voluntad de Dios para con usted es única; permítale saber que usted está dispuesto a ser utilizado por Él.

Pídale a Dios que le dé valor para hablar de Cristo. Juan tenía valor para reprochar a los demás su condición espiritual sin importarle lo que esto le pudiera perjudicar a él personalmente. Puede que nunca tenga que enfrentarse al pecado de los demás como lo hizo Juan, pero usted *ha* sido llamado a seguir su ejemplo y con decisión dirigir a otros hacia Jesús. A veces, esto puede implicar reprochar a alguien su pecado y estar dispuesto a sufrir cuando vea que las personas responden de forma negativa.

¿Quién era Juan el Bautista?

"Voz que clama en el desierto: Preparad camino a Jehová; enderezad calzada en la soledad a nuestro Dios" (Is. 40:3).

"He aquí, yo os envío el profeta Elías, antes que venga el día de Jehová, grande y terrible" (Mal. 4:5).

Opinión personal de Jesús sobre Juan el Bautista

- Es más que un profeta; es mi mensajero.
- Nadie nacido de mujer es más grande.
- Su mensaje produce una fuerte reacción.

Mateo 11:8-12

El bautismo de Juan

Raíces en el Antiguo Testamento:
Realizado como rito de purificación (Lv. 15:13).

¿Por qué bautizaba Juan?
Para preparar a los arrepentidos para la llegada del Mesías.

¿Qué simbolizaba?
Limpieza.

¿Dónde bautizaba Juan?
En el río Jordán.

¿Cómo bautizaba Juan?
Sumergiendo a la persona en el agua (Jn. 3:23).

¿Por qué fue bautizado Jesús?
Él se identificaba a sí mismo con los pecadores.

¿En qué se diferencia el bautismo cristiano del bautismo de Juan?
El bautismo cristiano es un acto de obediencia mediante el cual un creyente simbólicamente se identifica con Cristo en su muerte, entierro y resurrección.

Mateo

El hombre que lo dejó todo

Pasando Jesús de allí, vio a un hombre llamado Mateo,
que estaba sentado al banco de los tributos públicos, y
le dijo: Sígueme. Y se levantó y le siguió.
MATEO 9:9

☙

Característica más notable: Humildad
Hecho más destacado: Escribió uno de los Evangelios
Época: 5-70 d.C.
Nombre: *Mateo*, que significa "don de Dios"; nombre hebreo *Leví*
que significa "unido"
Textos principales: Mateo 9:9; 10:3; Marcos 2:14; Lucas 5:27-29

Contexto

Desde el regreso de Israel de la cautividad en Babilonia, la nación
ha sido ocupada o ha estado bajo el control de muchos poderes
extranjeros. En el momento del nacimiento de Mateo, Israel está
bajo el dominio del Imperio romano. Las personas hablan su idioma
local (el arameo), el idioma del comercio (el griego) y el idioma de
sus conquistadores romanos (el latín). Los romanos controlan las
rutas comerciales entre Egipto en el sur y Siria en el norte. Los
judíos que así lo deseen pueden comprar franquicias de impuestos
del gobierno romano y cobrar impuestos a los que utilicen esas
rutas comerciales. La mayoría de los recaudadores de impuestos
cobran más de lo necesario y se embolsan ese dinero de más antes
de entregar su parte a los romanos. Muchos de estos recaudadores
de impuestos son personas despreciables y sin principios. Entre este

grupo está un judío llamado Leví, también conocido por su nombre griego, Mateo.

Breve resumen

Muy poco se sabe de Mateo, a pesar de que escribió uno de los cuatro Evangelios. Lo que sabemos es que es judío y que es hijo de Alfeo (Mr. 2:14). Es un recaudador de impuestos para el gobierno romano. Probablemente porque estaba en contacto con muchos viajeros, parece que sabía bastante de Jesús: sus milagros y que decía ser el Mesías prometido. O es posible que Mateo escuchase el Sermón del Monte que Jesús dio en la región de Galilea, donde él había nacido y donde vivía. Cualquiera que fuera la información o asociación que tuviera con Jesús, esta despertó su herencia judía de manera que cuando Él pasó por el lugar en el que cobraba los impuestos, Mateo ya poseía suficiente información y fe como para dejarlo todo y seguirlo.

Como la mayoría de los recaudadores, Mateo era un hombre rico, como lo prueba el primer acto conocido como seguidor de Jesús: dar un gran banquete para presentarlo a sus amigos. Después se convirtió en uno de los 12 embajadores de Jesús. La tradición dice que fue quemado en la hoguera después de haberlo dejado todo por seguir a Cristo.

Visión general

▸ La herencia de Mateo

El nombre judío de Mateo, Leví, indica que su linaje pertenecía a la línea sacerdotal de su antecesor, Leví, uno de los hijos de Jacob, el padre de las 12 tribus. La tribu de Leví fue apartada para el culto y el servicio a Dios, lo cual indica que Leví había recibido una buena educación y tenía un conocimiento adecuado de las Escrituras del Antiguo Testamento. (Esto se puede observar en el relato que hace de la vida de Jesús en su Evangelio, donde a menudo cita el Antiguo Testamento).

▸ El ministerio de Mateo

Desde los primeros días de su conversión, Mateo demostró mucho celo en presentar a los demás a su Salvador. El siguiente acto que se relata en las Escrituras es el de dar un banquete en su casa para todos los proscritos de la sociedad judía. Algunos hechos sobre la cena evangelizadora de Mateo son:

- La cena fue una gran fiesta (Lc. 5:29).
- Fueron invitados muchos recaudadores de impuestos y muchos pecadores (v. 29).
- Jesús y sus muchos discípulos fueron invitados (vv. 29-30).
- Los líderes religiosos criticaron la presencia de Jesús (v. 31).
- Jesús respondió: "No he venido a llamar a justos, sino a pecadores al arrepentimiento" (v. 32).

Mateo nunca dejó de tener carga por su pueblo y ministró tanto en Israel como fuera de allí durante muchos años. Unos 30 años después de la muerte y resurrección de Jesús, Mateo escribe su relato de la vida y la época de Cristo para beneficio de la audiencia judía. En su relato, menciona muchas profecías del Antiguo Testamento que confirman lo que Jesús decía ser: el Mesías predicho en las Escrituras.

▶ **Los escritos de Mateo**

Formado para leer y estudiar adecuadamente la ley, y dotado con la habilidad para usar la pluma, Mateo es utilizado por Dios para recopilar la vida de Jesús de una forma sistemática, relatando numerosas profecías del Antiguo Testamento sobre la venida del Mesías que se cumplen en la persona de Jesús. El Evangelio de Mateo está escrito en un tiempo en el que los apóstoles, como testigos, mueren o sufren martirio. Las iglesias se están multiplicando, y la comunidad cristiana primitiva necesita un relato como herramienta evangelizadora para poder transmitir el evangelio a las comunidades judías diseminadas por todo el Imperio romano.

Retrato

Mateo era un hombre humilde, aunque fuera uno de los discípulos elegidos de Jesús. En todo su Evangelio, habla de sí mismo solo en dos ocasiones: cuando relata su llamamiento (Mt. 9:9) y cuando enumera los 12 discípulos (Mt. 10:1-4). Estudió el Antiguo Testamento y citó la ley, los Salmos y los profetas más veces él solo que todos los demás evangelistas juntos: 99 veces. Fue un evangelista cuyo primer acto tras seguir a Jesús fue reunir a sus amigos para que lo conocieran. Sintió toda su vida gran carga hacia su pueblo y escribió un relato de primera mano sobre la vida y el ministerio de Jesús para beneficio de ellos. Su objetivo era persuadirlos de que Jesús era el Mesías largamente esperado.

Enseñanzas de Mateo para la vida

Cree un ambiente natural para la evangelización. El primer impulso de Mateo al seguir a Jesús fue reunir a sus amigos en un banquete para que lo conocieran. En lugar de invitar a sus amigos a un acto religioso, trajo a Jesús a un lugar donde sus amigos se pudieran sentir cómodos. Si usted cree que un no creyente puede dudar a la hora de acudir a una iglesia con usted, tómese un tiempo para cultivar la relación con esa persona y preséntele a Jesús a través de su propia vida y con sus palabras, en lugares en los que él pueda sentirse cómodo.

Dios puede hacer que usted marque la diferencia. Cuando Mateo dejó su profesión, todo lo que tenía era su habilidad para escribir. Jesús le proporcionó un nuevo uso para sus habilidades: anotar todo lo que observaba, mientras lo seguía. El Evangelio que lleva el nombre de Mateo es el fruto de ese ministerio. Cuando usted acude a Cristo, lleva consigo sus talentos, habilidades y experiencias. Jesús quiere utilizarlo a usted y sus habilidades para marcar la diferencia en su reino. Lo que usted posee puede ser utilizado poderosamente por Dios; al igual que Mateo, ofrézcase totalmente a Jesús para que Él lo utilice según sus deseos.

Nadie está fuera de la gracia salvadora de Dios. A Mateo se lo describe como "Mateo, el publicano" en todos los relatos sobre su vida. Él era un proscrito dentro de la sociedad judía. Era odiado y despreciado por los líderes religiosos de su época. Ese desprecio que había por Mateo es un recordatorio de que usted no debe eliminar a nadie como candidato a la salvación. No evite a esas personas como hacían los líderes religiosos. Al contrario, siga el ejemplo de Jesús y sea amigo de "publicanos y pecadores" (Mt. 11:19).

Seguir a Jesús tiene un alto precio. De todos los seguidores de Jesús, Mateo es el que más tenía que perder. Recaudar impuestos era una profesión lucrativa. Una vez que dejó su trabajo, su situación financiera quedó alterada para siempre. No había vuelta atrás. No obstante, no dudó ni un momento cuando Jesús le dijo: "Sígueme" (Mt. 9:9). ¿Ha calculado el precio que le cuesta seguir a Jesús? ¿Lo está haciendo? Y no lo olvide: Él no le está pidiendo que calcule lo que le cuesta una vez. Le esta pidiendo que calcule el coste *diario* (Lc. 9:23).

Otros recaudadores de impuestos en los Evangelios
(Todos respondieron positivamente a Dios)

- Los que escuchaban el mensaje de Juan el Bautista respondieron creyendo en su mensaje y fueron bautizados (Mt. 21:31-32).

- El del templo respondió: "...Dios, sé propicio a mí, pecador..." (Lc. 18:10-14).

- Zaqueo respondió: "...He aquí, Señor, la mitad de mis bienes doy a los pobres; y si en algo he defraudado a alguno, se lo devuelvo cuadruplicado" (Lc. 19:8).

Marcos

El hombre al que se le concedió una segunda oportunidad

...Toma a Marcos y tráele contigo, porque me es útil
para el ministerio.
2 TIMOTEO 4:11

☙

Característica más notable: Resaltó el ministerio de Jesús como siervo
Hecho más destacado: Se convirtió en el compañero de Pedro y escribió el Evangelio de Marcos
Época: 15-70 d.C.
Nombre: Juan, de sobrenombre Marcos
Textos principales: Hechos 12:12, 25; 15:39; Colosenses 4:10; 2 Timoteo 4:11; 1 Pedro 5:13

Contexto

Tras el arresto, el juicio y la crucifixión de Jesús, la persecución empieza a intensificarse a medida que crece el movimiento cristiano. Los líderes religiosos judíos están intentando eliminar esta nueva religión fundada en torno a la vida de Jesús de Nazaret. Pero la persecución no ralentiza el crecimiento. Miles de personas se convierten a Cristo. Entre ellos hay una familia influyente con un hijo llamado Juan Marcos. Su madre está muy involucrada con los discípulos de Jesús, especialmente con Pedro, y hace reuniones de oración en su casa. Juan Marcos se mueve libremente entre los discípulos y otros miembros de la comunidad cristiana judía.

Breve resumen

De adolescente, puede que Marcos haya presenciado la traición y el arresto de Jesús en el huerto de Getsemaní. Meses después de la resurrección, se menciona a Marcos relacionado con una reunión de oración celebrada en casa de su madre; algunos cristianos se habían juntado para orar por la liberación de Pedro, que estaba en prisión (Hch. 12:12). El primo de Marcos, Bernabé, es un líder de la Iglesia y se convierte en socio de Pablo. Se le pide a Marcos que se una a su primo y a aquel como asistente en el primer viaje misionero que van a realizar. Por alguna razón, Marcos deja el equipo y regresa a Jerusalén. Más tarde, cuando Bernabé quiere llevarlo en otro viaje misionero, Pablo se niega, lo cual lleva a una división entre ambos. Años más tarde y con una segunda oportunidad por parte de Bernabé, Marcos se convierte en un siervo útil para Pablo y, más tarde, para Pedro en Roma. Probablemente durante este tiempo que está con Pedro, Marcos escribe el relato de la vida de Jesús en el Evangelio que lleva su nombre: el Evangelio de Marcos.

Visión general

▶ **Orígenes de Marcos:** *Marcos 14:51-52*

Marcos es el hijo de María, una mujer destacada y acomodada de Jerusalén. No se hace mención alguna al padre de Marcos. Algunos han sugerido que la casa de María es el lugar donde Jesús y sus discípulos celebraron la última cena. Si es así, Marcos debe de haber sido testigo de esa apasionante escena y después debe de haber seguido a Jesús y a sus discípulos cuando fueron al huerto de Getsemaní. Cuando la muchedumbre se acercó a Jesús, también prendieron a Marcos. Pero como solo iba vestido con una sábana, pudo liberarse, dejar allí la sábana y huir desnudo.

▶ **Ministerio de la familia de Marcos:** *Hechos 12:12*

Varios años después de la resurrección y ascensión de Jesús al cielo, se celebra una reunión de oración en casa de María y su hijo Marcos. La familia debía tener buena amistad con los discípulos y en especial con Pedro, porque tras su milagrosa liberación de la prisión, el apóstol inmediatamente se fue a casa de María para informar a las personas que había sido liberado.

▶ **Fracaso de Marcos:** *Hechos 12:25—13:13*

Probablemente, por la relación que Marcos tiene con su madre María y con su primo Bernabé —que ahora es un líder respetado de la joven Iglesia—, se le pide que viaje con Pablo y Bernabé en el primer viaje misionero que estos van a realizar. Él ayuda al equipo hasta que llegan a Asia Menor en barco desde Chipre. Por alguna razón desconocida, Marcos los deja y regresa a Jerusalén. Su partida no interrumpe los trabajos del equipo, pero cuando Bernabé le pide a Pablo que permita a Marcos unirse a ellos en un segundo viaje misionero, Pablo se niega categóricamente. No se puede confiar en Marcos.

▶ **El mentor de Marcos:** *Hechos 15:36-41; 1 Pedro 5:13*

Bernabé, cuyo nombre significa "hijo de consolación", vive de acuerdo a su nombre, ya que defiende a Marcos en contra de las dudas de Pablo sobre su utilidad. Cuando ambos no pueden llegar a un acuerdo, Bernabé elige a Marcos y se va con él a ministrar a Chipre. Bernabé es un modelo de competencia y es un educador, así que en los años siguientes, Marcos madura y vuelve a ser considerado útil por el gran apóstol Pablo (2 Ti. 4:11).

▶ **Relación de Marcos y Pedro:** *1 Pedro 5:13*

Pedro está familiarizado con la familia de Marcos; sabemos esto porque visitó su casa tras ser liberado milagrosamente de prisión. Pedro, en su primera carta desde Roma, llama a Marcos "mi hijo". Marcos debe haber sido compañero de viaje y de ministerio de Pedro en Roma porque, en esta carta, el apóstol envía también saludos de parte de Marcos.

▶ **El fin de Marcos:** *Evangelio de Marcos*

El final fiel de Marcos anima a todos los que han tropezado en la roca de la vida. Él tipifica a todos los que consiguen la victoria desde la derrota. Que él termina bien se puede observar en la autoría de uno de los relatos de la vida de Jesús. Marcos escribe desde su breve experiencia con Jesús y los discípulos, y la experiencia de primera mano que tuvo Pedro con Jesús y los demás discípulos. No es sorprendente que el relato de Marcos esté escrito para una audiencia romana, porque fue escrito en Roma.

Retrato

Las dos primeras referencias bíblicas a Marcos muestran que se retiraba cuando tenía que enfrentarse a presiones externas. La primera referencia describe que se alejó de Jesús cuando este fue arrestado (Mr. 14:51-52). La segunda relata que Marcos, ayudante de Pablo y Bernabé en un viaje misionero, se apartó de ellos y volvió a Jerusalén (Hch. 13:13). Esto parece revelar que Marcos no estaba preparado para ningún ministerio cristiano significativo. Desde luego, eso fue lo que Pablo pensaba cuando se negó a llevarlo en otro viaje misionero (15:36-40).

Bernabé, el primo de Marcos, vio algo que redimir en él y, separándose de Pablo, se lo llevó con él a un viaje misionero distinto. Este aliento de Bernabé se vio recompensado años más tarde, porque se menciona que Marcos estaba con Pablo mientras este estaba en una prisión romana (Col. 4:10). Y cuando Pablo se enfrentó a la ejecución al final de su segundo encarcelamiento en Roma, pidió que Marcos viniera con Timoteo para ayudarle, porque era útil para el ministerio (2 Ti. 4:11). Más tarde se menciona que Marcos estaba sirviendo con Pedro en Roma (1 P. 5:13), donde pudo haber escrito su relato de la vida y el ministerio de Jesús.

Enseñanzas de Marcos para la vida

Busque siempre lo bueno de las personas, incluso cuando fracasen. Cuando Marcos se alejó de Pablo y Bernabé, aquel se negó a llevarlo en otro viaje misionero. Sin embargo, Bernabé no lo abandonó y lo ayudó. Con el tiempo, Marcos se convertiría en un trabajador de valía para Pablo. Cuando hace una inversión espiritual en otra persona, nunca sabe lo significativa que puede llegar a ser, así que trate de buscar siempre lo mejor en ella. Cuando trata a los demás como personas importantes, suelen responder a sus expectativas.

Invierta gustosamente en los jóvenes. Marcos, un hombre joven, fue afortunado porque tuvo un miembro de su familia que nunca le falló, que lo animó y lo hizo madurar. ¿Conoce jóvenes, como un hijo, una hija, un sobrino o una sobrina, que necesiten apoyo en tiempos difíciles? Observe primero a su familia más cercana. Después piense en las personas jóvenes de su iglesia. Son la siguiente generación de creyentes. Quién sabe, puede que Dios le esté pidiendo que discipline y anime a otro Marcos.

El fracaso no es el final; es solo la oportunidad de un nuevo comienzo. Muchos que han tenido un comienzo "estilo Marcos" en su vida cristiana han llegado a hacer una contribución significativa a la causa de Cristo. ¿Ha experimentado el "fracaso" en su vida cristiana? Aprenda de sus errores. Pida perdón si es necesario, pero no permita que la derrota lo aleje del servicio a Dios. Pídale al Señor que le dé valor para levantarse y seguir. Lo importante no es lo bien que se empieza, lo que importa es terminar bien.

Los doce discípulos: Breve descripción

Pedro: un hombre impulsivo, el líder de los discípulos (también llamado Cefas y "la roca").

Andrés: trajo a los demás a Jesús, incluso a su hermano Pedro.

Jacobo: era ambicioso, de temperamento vivo, primer discípulo en ser martirizado (uno de los hijos del trueno, junto con su hermano Juan).

Juan: conocido como "el apóstol del amor" y el discípulo al cual Jesús amaba (uno de los hijos del trueno).

Felipe: actitud inquisitiva (por ejemplo, preguntó a Jesús cómo planeaba dar de comer a 5000 personas).

Bartolomé: se mostraba escéptico con cualquiera que procediera de Nazaret (también llamado Natanael).

Tomás: dudó de la resurrección de Jesús (también llamado "el mellizo" y a lo largo del tiempo se le ha denominado Tomás el desconfiado).

Mateo: dejó su ocupación de recaudador de impuestos para seguir a Jesús (también llamado Leví).

Jacobo: hijo de Alfeo.

Tadeo: le preguntó a Jesús si iba a revelarse al mundo (también llamado Judas, el hijo de Santiago).

Simón el Zelote: era un gran defensor del judaísmo (también llamado Simón el cananita).

Judas Iscariote: fue traicionero y avaro, el discípulo que traicionó a Jesús.

Lucas

El primer misionero médico

Os saluda Lucas el médico amado, y Demas.

⚛

Característica más notable: Siervo humilde
Hecho más destacado: Escribió más del Nuevo Testamento
que ningún otro autor
Época: Hasta el 60 d.c.
Nombre: *Lucas*, que significa "luz"
Textos principales: Colosenses 4:14; 2 Timoteo 4:11; Filemón 24

Contexto

El mundo está en transición en el tiempo en que vive Lucas, un griego que creció en Antioquía de Siria. Desde los tiempos de Alejandro Magno, el griego ha sido el idioma del comercio desde Egipto hasta la India. Incluso bajo el dominio romano, la mayoría de los ciudadanos educados sigue hablando y leyendo griego. Como los griegos valoraban la educación, surgían universidades de aprendizaje en todos los lugares donde había influencia griega. Una de esas universidades es la gran escuela de Alejandría, Egipto, que es el centro de la educación e investigación médica. Otra escuela es la de Antioquía, donde es posible que Lucas recibiera su entrenamiento. En los tiempos en que el apóstol Pablo comienza su segundo viaje misionero, ya tenía más de 50 años, lo cual hacía de él un "anciano veterano" para los que todavía viven en ese tiempo de la historia. Cuando uno piensa en los muchos golpes recibidos, los encarcelamientos y su ambicioso plan de viajes, no es de extrañar que acabara conociendo al doctor Lucas, quien abandona la práctica médica para acompañar a Pablo. Lucas ayuda al apóstol con sus problemas de salud y se convierte en un amigo "amado" (Col. 4:14) y en un preciso historiador tanto de la vida y el ministerio de Jesús como del nacimiento y la extensión del evangelio.

Breve resumen

A Lucas se le menciona por el nombre solo tres veces en el Nuevo Testamento; las tres menciones son hechas por el apóstol Pablo cuando está en prisión. Parece que Lucas es un gentil porque Pablo, en sus escritos, no lo incluye con los otros judíos en el saludo (Col. 4:7-14). Lucas es médico de profesión, pero no se sabe nada de dónde consiguió su formación. Se une al segundo viaje misionero de Pablo en Troas, una ciudad al norte de lo que es la actual Turquía. Viaja con el equipo hasta la provincia norte de Macedonia (en Grecia) y a una ciudad llamada Filipos. Allí se queda atrás hasta que se reúne de nuevo con el equipo de Pablo en su tercer viaje misionero unos siete u ocho años más tarde. Lucas será el compañero constante de Pablo el resto de la vida de este.

Lucas no es testigo directo de la vida de Jesús. Reúne el material para su Evangelio de los relatos de testigos de primera mano, mientras viaja con Pablo a Jerusalén y cuando permanece cerca de él en sus dos años de prisión en la cárcel provincial de Cesarea. Lucas está con Pablo cuando este naufraga de camino a Roma. Allí lo ayuda, mientras esperan para acudir a la audiencia que el apóstol tiene ante César. Durante este tiempo, Lucas termina su Evangelio. Después se queda con Pablo cuando este es encarcelado de nuevo por última vez. En algún momento hacia el final de su vida, Lucas es el único que permanece al lado de Pablo. La tradición dice que murió martirizado algún tiempo después de la muerte del apóstol.

Visión general

▶ Orígenes de Lucas

Lucas muestra un gran interés por Antioquía en su relato histórico de la expansión de la Iglesia, lo cual ha llevado a que muchos especulen que nació en Antioquía y que podría haberse hecho cristiano en esa iglesia cuando Pablo y Bernabé formaban parte del grupo dirigente. No hay indicación alguna sobre dónde recibió Lucas su educación formal, pero su estilo de escritura excelente y su formación como médico son indicadores de que era un griego con muy buena educación.

▸ Lucas, el médico misionero

Lucas se une a Pablo y está con él, al menos de forma intermitente, hasta el encarcelamiento final del apóstol en Roma. No solo atiende la frágil salud de Pablo debido a las palizas y los apedreamientos recibidos, las estancias en la cárcel y los naufragios, sino que seguramente practica la medicina durante sus viajes juntos. A veces también colabora en las labores de predicación. Lucas se convierte en el primer misionero que ha tenido formación universitaria como médico.

▸ Lucas, el historiador

La instrucción de Lucas lo hace un historiador capaz y deliberado. Se reconoce que ha escrito más de una cuarta parte del Nuevo Testamento, más que cualquier otro autor. Investigaciones actuales han verificado la precisión de su obra.

▸ Lucas, el evangelista

Lucas nunca dice haber presenciado directamente la vida de Jesús. Por el contrario, afirma que las cosas que escribe le fueron contadas por "...los que desde el principio lo vieron con sus ojos, y fueron ministros de la palabra" (Lc. 1:2). Lucas, al ser griego, escribe su relato para fortalecer la fe de los gentiles, especialmente de los creyentes griegos. También quiere animar a los que no creen, a que consideren la idea de que Jesucristo es el Hombre Perfecto: el Hijo del Hombre que vino a sacrificarse y morir por los pecadores para salvarlos.

Retrato

Que Pablo utilice la palabra "amado" para describir a Lucas nos dice mucho sobre el carácter de este. Él era un médico entrenado para atender las necesidades físicas de las personas. En sus escritos, notamos su preocupación por los demás, en especial por los pobres, las mujeres y los menospreciados por la sociedad judía (como Zaqueo, el recaudador de impuestos), y cómo respondieron al ministerio de Jesús. También notamos su preocupación en su ministerio hacia Pablo. A pesar de los peligros y la dureza de sus viajes con el apóstol, Lucas permaneció cerca de este evangelista y fundador de iglesias que ya iba envejeciendo. Cuando hombres más jóvenes abandonaron a Pablo durante los días difíciles en Roma, Lucas continuó fielmente a su lado.

Enseñanzas de Lucas para la vida

Entréguele a Dios lo mejor de sí mismo. El doctor Lucas comienza su relato de la vida de Jesús declarando que ha "investigado con diligencia" (ver Lc. 1:3). Su excelente estilo a la hora de escribir y su extensa investigación han dado al mundo una certera imagen de Jesús, de su origen divino y de las pruebas que sostienen este origen. ¿Está realizando su servicio a Dios de la misma manera? ¿Está dando lo mejor de sí mismo? No importa en qué sirve a Dios, cuál es su área de servicio, lo realmente importante es que lo haga como mejor sepa.

Es necesario sacrificarse para servir a Dios. Jesús le dijo a sus discípulos que cualquiera que lo siguiera tendría que pagar el precio (Lc. 9:23). El doctor Lucas era un hombre educado con una profesión respetable, pero decidió dejarlo todo para servir a Dios ayudando al apóstol Pablo. El discipulado es costoso. ¿Es su compromiso con Jesús solamente superficial? Calcule el coste y decida, como hizo Lucas, que vale la pena pagar el precio. Tras esta decisión, le espera una increíble oportunidad de ser muy útil a la causa de Cristo.

Busque oportunidades para servir a los demás. Pablo era un obrero cristiano muy respetado y estimado, no obstante necesitaba el cuidado personal de otros, como Lucas. Observe a las personas de su iglesia local, incluso los que gozan de más alta estima. Todo el mundo necesita ayuda en algo en un momento dado. Pídale a Dios que le conceda ojos compasivos, corazón dispuesto y manos voluntariosas. No se contenga. Otros necesitan exactamente lo que usted tiene para ofrecer.

El relato único y especial de Lucas sobre la vida de Jesús

Cuenta el milagroso nacimiento de Juan el Bautista.

Sólo él habla de la infancia de Jesús.

Menciona a muchas mujeres relacionadas con la vida de Jesús.

Se centra más en la oración que el resto de los Evangelios.

Presta especial atención a los pobres.

Incluye 9 milagros, 13 parábolas y diferentes mensajes y sucesos que no se encuentran en los demás Evangelios.

Juan

El apóstol del amor

Y uno de sus discípulos, al cual Jesús amaba, estaba
recostado al lado de Jesús.
JUAN 13:23

☙

Característica más notable: El apóstol del amor
Hecho más destacado: Escribió cinco de los libros del Nuevo
Testamento
Época: 5-97 d.C.
Nombre: *Juan*, que significa "el Señor es misericordioso"
Textos principales: Los Evangelios; 1, 2, 3 Juan

Contexto

El nacimiento del cristianismo se produce en el año 32, en el día
de Pentecostés con la llegada del Espíritu Santo. Las vidas de los
seguidores de Jesús cambian drásticamente, y el poder del Espíritu
de Dios se libera sobre ellos. Esto desemboca en un movimiento
religioso que se extiende por todo el mundo romano. Juan, el más
joven de los 12 apóstoles, experimentará este gran movimiento desde
el principio, cuando el Espíritu Santo viene del cielo como un viento
poderoso y llena a los discípulos de poder, y estos empiezan a predicar
la resurrección de Jesucristo.

Breve resumen

Juan es el hijo de Zebedeo y Salomé, y el hermano pequeño
de Jacobo. Él y su familia viven en Galilea, donde los hombres son

pescadores en el mar de Galilea. Esta familia tiene alguna conexión con Caifás, el sumo sacerdote (Jn. 18:15), lo cual implica una posición de influencia y riqueza. Juan y su hermano son seguidores de Juan el Bautista hasta que este los conduce hacia Jesús. Desde entonces, siguen a Jesús durante periodos intermitentes de tiempo hasta que Él selecciona a Juan y a Jacobo, junto con otros diez, para que sean sus discípulos. Jesús encomienda a Juan y a los demás la misión de llevar su mensaje por todo el mundo. Juan sobrevive a todos los demás apóstoles y experimenta de primera mano, con muchos otros cristianos por todo el Imperio romano, la dura persecución de los dirigentes corruptos y paganos. Estos hombres malvados temen la enorme fuerza de esos comprometidos seguidores de Jesús. Cuando Juan está llegando al final de su vida, también ve entrar en la Iglesia falsas doctrinas y herejías.

Juan, el último testigo presencial de la vida y el ministerio de Jesús, escribe su Evangelio como complemento a los otros tres que llevan en circulación 20 años o más. Mucho del ministerio de Juan de escribir cartas de advertencia durante los últimos años de su vida procede de la ciudad de Éfeso, que se ha convertido en su cuartel general.

Debido a la fiel predicación de la Palabra de Dios por parte de Juan, el gobierno romano lo deporta a una isla desierta en el mar Egeo, llamada Patmos. En esta pequeña isla, Juan recibe una serie de visiones que muestran el futuro de la historia del mundo. Al final, es liberado de Patmos y regresa a Éfeso, donde su "Revelación de Jesucristo" —Apocalipsis— comienza su circulación y donde muere, más o menos, un año después. Este fue el punto final de la era de los apóstoles.

Visión general

▶ **Juan, el discípulo**

- Es uno de los primeros discípulos de Juan el Bautista (Jn. 1:35-39).
- Juan el Bautista lo conduce hacia Jesús (Jn. 1:43).
- Juan sigue a Jesús de regreso a Galilea y observa el milagro de transformar el agua en vino (Jn. 2:2).
- Juan va con Jesús a Jerusalén, luego regresa a los cuarteles generales de Jesús en Galilea. Vuelve a sus tareas de

pescador (Jn. 2:13—4:54), pero continúa siguiendo a Jesús de forma intermitente.

▶ Juan, el apóstol

- Hacia la mitad de sus tres años de ministerio, Jesús elige un grupo de 12 hombres con los cuales desarrollará una íntima relación de discipulado. Juan, su hermano Jacobo y Pedro entablan una relación más íntima con Él que los demás apóstoles.
- Juan es el único discípulo que permanece cerca de Jesús a lo largo de todo su juicio y crucifixión.
- Desde la cruz, Jesús pide a Juan que cuide de su madre María (Jn. 19:25-27).
- Juan y Pedro son los primeros discípulos que ven la tumba vacía (Jn. 20:1-10).

▶ Juan, el evangelista

- Juan y Pedro son encarcelados por predicar en la zona del templo.
- Juan y Pedro predican a los samaritanos.
- Pablo describe a Juan como una "columna" de la iglesia de Jerusalén (Gá. 2:9).
- Juan y los demás apóstoles se quedan en Jerusalén predicando y enseñando a la multitud de nuevos creyentes.

▶ Juan, el predicador itinerante

- Juan permanece en Jerusalén hasta la muerte de María, tras lo cual se convierte en un ministro itinerante.
- Juan llega a Éfeso después de la muerte de Pablo. Aquí escribe las tres cartas que llevan su nombre y juega un papel importante en la lucha contra las herejías que empiezan a surgir en la Iglesia.
- Juan es arrestado y desterrado a Patmos, donde escribe el libro de Apocalipsis.

▶ Juan, el escritor

- Juan escribe más del Nuevo Testamento que ningún otro escritor, excepto Lucas y Pablo.

- El Evangelio de Juan se considera el más teológico de los cuatro relatos de la vida de Jesús. Presenta el caso más directo y poderoso sobre la deidad de Jesús, el Hijo de Dios, Dios encarnado, el Mesías.

- Las tres cartas de Juan describen, desde la experiencia personal, lo que significa estar en comunión con Dios. Él advierte contra las enseñanzas de los falsos maestros que niegan tanto la humanidad como la deidad de Jesús, que por experiencia propia sabe que no son ciertas. También indica que no se debe ser hospitalario con estos falsos maestros.

- Su Apocalipsis comienza con un comentario sobre la condición espiritual de cada una de las siete iglesias que hay en los alrededores de Éfeso, después describe los futuros problemas de la Iglesia hasta la victoria final que se conseguirá con la Segunda Venida de Jesucristo como Rey de reyes y Señor de señores.

Retrato

Juan era probablemente el más joven de los discípulos, y el más impetuoso y apasionado. Su testimonio en las Escrituras no es hermoso. Tres incidentes de la Biblia ilustran la necesidad que tenía del poder transformador de Dios en su vida:

1. Era egoísta: Juan y los demás discípulos creían formar parte de un grupo de élite o de un club exclusivo. Alguien fuera de ese círculo estaba expulsando demonios en nombre de Jesús, y Juan y los demás se oponían a él. El Señor reprendió a Juan por su espíritu posesivo hacia todo el que ministrara en nombre de Jesús sin importar su afiliación (Lc. 9:49-50).

2. Era vengativo: Juan y su hermano se enojaron porque un pueblo de Samaria se negó a dar hospitalidad a los discípulos que iban de camino hacia Jerusalén. Pidieron a Jesús que enviara fuego sobre ellos y matara a todo el pueblo. Es sorprendente que muy poco después de que Jesús los reprendiera por su espíritu posesivo, Juan y su hermano tuvieran que ser reprendidos de nuevo por esa malvada sugerencia (Lc. 9:51-56).

3. Era ambicioso: Juan y su hermano se pusieron de acuerdo para pedirle a su madre que fuera a solicitarle a Jesús puestos de poder para los dos en su futuro reino. No importaba pasar por encima de los otros diez discípulos para conseguir esos puestos de poder. Una vez más, Jesús los reprendió y aprovechó la oportunidad para enseñarles lo que era ser un siervo líder (Mt. 20:20-28).

Pero la muerte de Jesús y la venida del Espíritu Santo cambiaron a Juan. El libro de Hechos y los propios escritos de Juan revelan que se convirtió en un amoroso, humilde y paciente siervo de su Señor. Vivió casi 100 años, y sus últimas palabras, según la tradición, fueron: "Hijitos, amémonos" (ver 1 Jn. 3:18; 4:7).

Enseñanzas de Juan para la vida

Su vida cristiana es una obra en proceso. A Juan se lo conoce popularmente como "el apóstol del amor". Pero los relatos que hay sobre su vida en los Evangelios no muestran demasiado amor. Juan se muestra egoísta, de temperamento vivo y ambicioso. ¿Qué sucedió? ¡La cruz! En el libro de Hechos y a lo largo de todos los escritos de Juan, se observa cómo Jesús va transformándolo en un siervo decidido, dedicado, desinteresado y humilde. ¿En qué lugar se encuentra usted en la escala de transformación de Jesús? Él quiere transformarlo a su imagen, tarde lo que tarde en conseguirlo. Lo importante no es qué o quién es usted hoy, sino qué o quién será cuando entregue su vida completamente a Jesús. Dios no ha terminado, usted es una obra en proceso.

Su habilidad para amar a otros está relacionada con su manera de entender el amor de Dios hacia usted. Juan estaba tan maravillado por el amor y la aceptación incondicional de Dios hacia él que se describía a sí mismo como "…al cual Jesús amaba" (Jn. 13:23). ¿Cuándo fue la última vez que usted pensó en el amor infinito de Jesús hacia usted, un amor tan grande como para morir por sus pecados para que usted pueda vivir? ¿Ha aceptado el impagable don del perdón y la salvación de Jesús? Una vez que comprenda cuánto lo ama Cristo, y acepte su amor, podrá amar a los demás mucho más profundamente. Y junto a Juan usted se podrá convertir en "el discípulo al cual Jesús amaba".

Debe aprender a equilibrar ambición y humildad. En su juventud, Juan tenía planes ambiciosos para sí mismo. Jesús en repetidas ocasiones le dejó claro que la autoridad en su reino estaba reservada a los humildes, no a los ambiciosos. No obstante la ambición de Juan lo impulsó a hacer lo que fuera necesario para tener un puesto de autoridad. La humildad, por otra parte, nos hace desear valer lo suficiente como para poder ocupar tal posición. ¿Es usted ambicioso? No está mal ser ambicioso si es por la razón adecuada: la gloria de Dios. Con servicio humilde, como el que Juan realizó en los últimos años, usted puede mostrarse merecedor de recibir autoridad.

Pruebas de Juan sobre la naturaleza divina de Jesús

El testimonio de Juan el Bautista (5:32-33).

El testimonio de los milagros de Jesús (5:36).

El testimonio del Padre (5:37-38).

El testimonio de las Escrituras (5:39).

El testimonio de Jesús mismo (8:14).

El testimonio del Espíritu Santo (15:26).

El testimonio de los discípulos (15:27).

Pedro

Un pescador y líder de hombres

El [Pedro] le dijo [a Jesús]: Señor, dispuesto estoy a ir contigo no sólo a la cárcel, sino también a la muerte.
LUCAS 22:33

☨

Característica más notable: Liderazgo
Hecho más destacado: Primero en predicar sermones evangelísticos a judíos y gentiles
Época: 5-65 d.c.
Nombre: Nombre hebreo *Simón*; nombre griego *Pedro*, que significa "roca"
Textos principales: Los Evangelios; Hechos 1—11

Contexto

En todos los relatos bíblicos del llamamiento y entrenamiento de los discípulos por parte de Jesús, las listas y el orden de los nombres de los 12 hombres es casi idéntica. En los cuatro Evangelios, el primer nombre de la lista es siempre Pedro. Desde el día que conoció a Jesús, fue distinguido por Él para ser una "roca" de fortaleza para los demás. Era un líder natural y pronto se convirtió en el portavoz de todo el grupo. No obstante, a pesar de toda la confianza que tenía en sí mismo y su franqueza, Pedro estaba abierto a aprender y a ser corregido. El verdadero secreto de su grandeza como líder espiritual se puede ver en su propio crecimiento, porque siguió siendo sensible al liderazgo del Señor. Este es su deseo para nosotros cuando escribe y nos anima diciendo: "...creced en la gracia y el conocimiento de nuestro Señor y Salvador Jesucristo..." (2 P. 3:18).

Breve resumen

Simón es el hijo de Jonás, nativo de Betsaida en Galilea. Él y su hermano Andrés, primero son discípulos de Juan el Bautista. Andrés es el primero en conocer a Jesús y luego lleva a su hermano Pedro para presentárselo. Como predicción, Jesús cambia el nombre de Simón por el de *Cefas*, que en dialecto local significa "roca", mientras que en griego *Cefas* se traduce por "Pedro". La reunión de Pedro con Jesús no produce ningún cambio inmediato en su comportamiento externo. Regresa a Galilea y continúa con sus tareas de pescador. Más tarde es llamado por Jesús para convertirse en uno de sus 12 discípulos.

Solo después de que Pedro niega al Señor, y este lo rehabilita, la vehemente disposición de Pedro se hace firme como una "roca" para el resto de los discípulos. Ahora está preparado para ser un líder espiritual auténtico. Después de la resurrección y ascensión de Jesús y la llegada del Espíritu Santo, Pedro se convierte en el líder clave y en el principal portavoz de la nueva Iglesia que se ha formado en Jerusalén. Ministra a la comunidad judía de allí y sus alrededores durante años.

Más tarde, parece que Pedro viajó y ministró a las comunidades judías y gentiles repartidas por toda Asia Menor, porque su primera carta, 1 Pedro, va dirigida a los creyentes que residen en diferentes provincias de esa zona. Pedro probablemente llega a Roma a finales del 50 o 60 d.C. Sus dos cartas están escritas en Roma a mediados del 60 con Silas, el compañero de viaje misionero de Pedro, y con Juan Marcos. Pablo es encarcelado en Roma durante este tiempo. Pedro y Pablo son martirizados más o menos por la misma época por orden de Nerón entre el 67 y el 68 d.C. La tradición dice que la muerte de Pedro fue por crucifixión. La importancia de este apóstol en los años de formación del cristianismo hace de él uno de los hombres más significativos del Nuevo Testamento.

Visión general

▶ **Pedro, el pescador**

Pedro comienza su vida como pescador en Betsaida, una ciudad cerca del mar de Galilea. Él y su hermano Andrés se asocian con Jacobo y Juan. Los cuatro posteriormente se convertirán en discípulos de Jesús. Su negocio prospera y les permite tener conexiones sociales con el sumo sacerdote de Jerusalén. Pedro es mayor que los demás y se convierte en el líder reconocido de la empresa pesquera. Está casado (Mr. 1:29-31) y más tarde, cuando se hace misionero, su esposa lo acompaña en sus viajes (1 Co. 9:5). Mientras Pedro y sus otros socios están pescando, Jesús los llama y les dice: "...Venid en pos de mí y os haré pescadores de hombres" (Mt. 4:19).

> **Pedro, el discípulo**

La asociación de Pedro, Andrés, Jacobo y Juan continúa cuando todos son llamados por Jesús para ser sus discípulos, junto con otros ocho. Vivirán con Él y aprenderán escuchando las enseñanzas del Señor. Varios sucesos de la vida de Pedro como discípulo revelan mucho de su impetuosa naturaleza:

- Pedro camina sobre el agua: Una noche en medio de una tormenta en el mar de Galilea, la impulsividad de Pedro lo lleva a intentar caminar sobre las aguas para acercarse a Jesús. Lo consigue... hasta que aparta la vista del Señor y empieza a hundirse (Mt. 14:28-31).
- La confesión de Pedro: Cuando Jesús les pregunta a sus discípulos: "...¿quién decís que soy yo?", Pedro responde rápidamente: "...Tú eres el Cristo, el Hijo del Dios viviente" (Mt. 16:15-16). Jesús entonces le dice que Él construiría su iglesia sobre la "roca" de esta sólida declaración de Pedro con respecto a la verdad de la divinidad y autoridad de Jesús (Mt. 16:18).
- El exceso de confianza de Pedro: La noche de la última cena, Jesús declara que uno de los discípulos lo traicionará. Pedro con habitual exceso de confianza en sí mismo, se apresta a declarar que bajo ninguna circunstancia negará jamás a Jesús. El Señor entonces predice que antes de que salga el sol, Pedro lo negará tres veces.

> **Pedro, el predicador**

Tras la resurrección de Jesús, Pedro predica a una multitud de judíos reunidos en la zona del templo para una de las fiestas judías más importantes. Cientos se hacen creyentes en Jesús, y nace la Iglesia. Pedro predica un segundo sermón más tarde, y hay miles de creyentes más. El mensaje se extiende a Samaria, y Pedro y Juan son enviados por la iglesia de Jerusalén para confirmar la respuesta y el testimonio de la llegada del Espíritu Santo sobre los samaritanos. Pedro es también el primero en presentar el evangelio a los gentiles, o no judíos (Hch. 10—11).

▶ Pedro, el misionero

Al principio, el ministerio de Pedro se centra en las comunidades judías de Jerusalén y los alrededores. Más tarde viaja a otros lugares y habla de Cristo a los judíos que están diseminados por todo el Imperio romano. En un momento dado, Marcos se une a Pedro y escribe su Evangelio.

Retrato

Un estudio de la vida y el carácter de Pedro revela muchas nobles cualidades. Su entusiasmo y franqueza son características que todo cristiano debería desear para sí. Pero algunas de las reprimendas más duras de Jesús fueron dirigidas al entusiasmo mal enfocado de Pedro. La intensa devoción y el compromiso con Jesús se demostraban con su disposición a caminar sobre las aguas en medio de una tormenta en el mar de Galilea para estar cerca de Jesús y su intrépido uso de la espada para defenderlo. Sin embargo, Pedro era tan débil como audaz, como se puede observar cuando negó a Jesús ante una humilde sirvienta o cuando huyó de Él en el momento de la crucifixión. Las características positivas de Pedro, valentía y devoción, son inspiradoras y merecen ser imitadas. Sus trazos negativos, como los arrebatos irreflexivos y su entusiasmo mal dirigido, nos deberían servir de advertencia para evitar un comportamiento de ese tipo. Por encima de todo, Pedro es un ejemplo estelar de lealtad a nuestro Señor y de ministerio fructífero.

Enseñanzas de Pedro para la vida

El fracaso no lo descalifica para servir a Jesús. Jesús predijo el fracaso de Pedro, pero luego agregó: "...tú una vez vuelto confirma a tus hermanos" (Lc. 22:32). Tras cada uno de sus fracasos, Pedro siempre volvía deseando seguir a Cristo de nuevo. Jesús sabe que nadie es perfecto; el fracaso es algo innato en los humanos. Así como el Señor estaba dispuesto a perdonar a Pedro y volver a hacerlo útil, también lo está para hacer lo mismo con usted. Cualquiera que sea el fallo espiritual que esté viviendo en estos momentos, es una oportunidad para usted de experimentar la gracia de Dios. Es mejor ser un seguidor que a veces fracasa que alguien que no es capaz de seguir a Dios.

La guerra espiritual no debería ser tomada a la ligera. Cuando Jesús advirtió de la persecución que estaba a punto de producirse, Pedro rápidamente afirmó que él se mantendría fiel a Jesús. Con su exceso de confianza, creía que podría permanecer fuerte incluso cuando Satanás lo presionara espiritualmente. Jesús sabía que Pedro no podría mantenerse fiel por sí mismo, pero predijo su rehabilitación (Lc. 22:32). La caída de Pedro es un recordatorio de que nadie es inmune a las tentaciones y al fracaso. Ninguno de nosotros puede perseverar por sí mismo. Jesús dijo: "...separados de mí nada podéis hacer" (Jn. 15:5), lo cual supone resistir a las tentaciones. Esté siempre dispuesto a tomar "toda la armadura de Dios", para que pueda resistir en el día malo, y habiendo acabado todo, estar firme (Ef. 6:13).

El evangelismo es simplemente presentar a los demás ante nuestro Salvador y dejar que Él haga el resto. El hermano de Pedro, Andrés, no se ha destacado como alguien muy importante en la historia de la Iglesia. Su logro más destacado fue presentar a Pedro a Cristo y permitir que Jesús lo transformara en uno de los grandes líderes espirituales de la iglesia primitiva. Puede que usted crea que no tiene demasiado que ofrecer al Salvador, pero una cosa muy importante que puede hacer es testificar de Jesús a sus familiares, amigos y compañeros de trabajo y permitir que su Espíritu haga el resto. Algunos de los grandes contribuyentes a la causa de Cristo durante años han sido aquellos que simplemente presentaron a otros al Salvador.

Contenido y resultado del primer sermón de Pedro

Jesús es una persona real (Hch. 2:22).

Jesús fue crucificado y resucitó de la muerte (vv. 23-24).

Su muerte y resurrección habían sido predichas en la Biblia (vv. 25-35).

Jesús era el Mesías largamente esperado (vv. 36).

Arrepiéntanse y bautícense cada uno de ustedes (vv. 37-38).

Tres mil personas creyeron y fueron bautizadas (vv. 41).

Saulo

El perseguidor de cristianos

"...Saulo, Saulo, ¿por qué me persigues?" Él [Pablo]
dijo: "¿Quién eres, Señor?" Y le dijo: "Yo soy Jesús,
a quien tú persigues..."
HECHOS 9:4-5

ॐ

Característica más notable: Celo
Hecho más destacado: Fundador de iglesias y escritor de 13
libros del Nuevo Testamento
Época: 1-67 d.C.
Nombre: *Saulo*, que significa "pedido"
Texto principal: Hechos 9:1-30

Contexto

En el Imperio romano, a cada nación y grupo étnico se le da la
oportunidad de vivir según sus propias leyes siempre que estas no
interfieran con los intereses de Roma. Esto significa que un joven
fariseo llamado Saulo actúa según las directrices de la ley romana
cuando lidera la persecución de aquellos sospechosos de violar la
ley judía. También dentro de la autoridad del consejo religioso judío
conocido como el sanedrín, Saulo es enviado a Damasco a capturar y
traer de regreso a Jerusalén a los "infieles". Mientras va de camino a
Damasco, Saulo se encuentra con el Salvador resucitado, Jesucristo.

Breve resumen

Nacido hacia el año 1 d.C. en Tarso, una ciudad de Asia Menor,

Saulo recibe su entrenamiento inicial en la universidad griega local. Después, como era costumbre en las familias judías devotas, sus padres lo enviaron a Jerusalén para alojarse con unos parientes (Hch. 23:16) y completar su entrenamiento en la tradición ortodoxa del judaísmo, bajo las enseñanzas de Gamaliel, el maestro más respetado de la zona. Este entrenamiento prepara a Saulo para convertirse en miembro del grupo religioso con más celo de Judea: los fariseos. Su entrenamiento, sus habilidades y su celo rápidamente lo elevan, aun siendo un joven de treinta y tantos, a una posición de respeto y autoridad en el sanedrín. Saulo después consigue permiso de las autoridades locales romanas para empezar una feroz campaña para erradicar a los "herejes" que dicen que Jesús es el Mesías.

Visión general

▶ Celo de Saulo como perseguidor: *Hechos 7:1—8:3*

Saulo está presente cuando Esteban, el joven evangelista, es traído ante el sanedrín y explica abiertamente que, según la historia bíblica, sus antepasados habían resistido una y otra vez en lugar de responder a Dios. Argumenta que la aprobación de la crucifixión de Jesús del sanedrín es otra de las ocasiones en que se resisten al Espíritu Santo (7:51). El reproche de Esteban hace que el consejo se encolerice y lo lleve a las afueras de la ciudad, donde lo apedrean hasta morir. Saulo aprueba la acción de la multitud y vigila sus ropas, mientras estos lanzan las piedras (7:58). La muerte de este joven inicia una intensa persecución de la nueva Iglesia; una persecución de la cual Saulo es líder yendo de casa en casa y arrastrando a prisión a hombres y mujeres (8:1-3). Huyendo para salvar su vida, la gran población judeocristiana de Jerusalén se disemina por todo el Imperio romano. Muchos van a Damasco, la capital de Siria, a 256 km de Jerusalén.

▶ Conversión de Saulo: *Hechos 9:1-12*

Saulo empieza persiguiendo cristianos en Jerusalén, después pide permiso para ir a Damasco y continuar allí su misión de arrancar de raíz la herejía que se está extendiendo. Cuando Saulo y su grupo están llegando al final de su viaje, él queda ciego por una luz brillante y escucha a Jesús que habla desde el cielo. Se da cuenta de que aquellos a los que ha estado persiguiendo tienen razón: Jesús es el Mesías, el Hijo de Dios. Cegado por la luz, Saulo es conducido hacia Damasco por el resto de sus compañeros de viaje.

▶ **La nueva misión de Saulo:** *Hechos 9:13-20*

El Señor informa a Ananías, en una visión, que Saulo será ahora portavoz de Dios, el que llevará el mensaje de la resurrección de Jesús a los gentiles, a los reyes y a los hijos de Israel por todo el Imperio romano. Ananías ora por Saulo, y la vista de este se cura. Saulo es bautizado inmediatamente y se hace tan valiente y celoso en la predicación de Cristo como lo había sido en la persecución de los cristianos.

▶ **La preparación de Saulo:** *Gálatas 1:17-18*

Saulo pasa tres años en Damasco y el desierto árabe examinando las Escrituras del Antiguo Testamento y aprendiendo mediante la "revelación de Jesucristo" (Gá. 1:12). Allí empieza a entender el significado de la muerte y resurrección del Señor. Luego regresa a Damasco, donde confunde a los judíos demostrando que Jesús era el Cristo. La predicación agresiva de Saulo levanta tanta hostilidad en Damasco que los cristianos lo sacan por la muralla de noche para salvar su vida.

Saulo regresa a Jerusalén tras tres años de ausencia. Al principio los creyentes le temen. Solo después de que Bernabé lleva a Saulo ante el liderazgo de la iglesia, este es aceptado. Pronto el celo de Saulo en la predicación de Cristo atrae la hostilidad en Jerusalén, haciendo que sea necesario enviarlo fuera, esta vez a su ciudad natal, Tarso. Algunos años más tarde, Bernabé, que es amigo de Saulo, viene a Tarso para reclutarlo para el ministerio de la iglesia de Antioquía, predominantemente gentil.

Retrato

Las Escrituras revelan que Saulo, que se llamaba también Pablo, era un hombre muy intenso. Nunca hizo nada sin entusiasmo, en especial cuando empezó a servir al Señor. ¿Qué le permitió a Pablo mantener ese fervor espiritual incluso en medio de una gran persecución y dolor? En el centro de este celo, estaba el amor de Cristo. Una vez que conoció al Salvador resucitado, Él se convirtió en algo real para Pablo. Jesús lo había salvado y le había dado una misión, y el deseo central de los esfuerzos de Pablo era "...conocerle [a Cristo], y el poder de su resurrección, y la participación de sus padecimientos, llegando a ser semejante a él en su muerte" (Fil. 3:10).

Enseñanzas de Pablo para la vida

Cristo debería ser el centro de su pasión. Pablo era un hombre apasionado en lo que se refiere a Dios. Antes de conocer a Cristo en el camino hacia Damasco, era un ferviente perseguidor de aquellos que él creía que estaban pervirtiendo la ley de Dios. Después de conocer a Cristo, siguió siendo igual de apasionado, pero desde ese momento en adelante su pasión se centró en Cristo. ¿Y usted? Su pasión externa revela lo que es más importante para su corazón. Su amor por el Salvador, ¿se ha ido enfriando a lo largo de los años? Si usted ha dejado su "primer amor" (Ap. 2:4), pídale al Señor que le ayude a renovar la pasión en la que una vez puso tanto celo.

Nunca pierda de vista su llamamiento. Los años siguientes a su conversión, Pablo continuó hablando de su experiencia en el camino a Damasco. Habló mucho de su conversión con la multitud judía de Jerusalén (Hch. 22:6-16) y con el rey Agripa (Hch. 26:12-19). Cada vez que hablaba, Pablo confirmaba que no había perdido de vista su llamamiento (v. 19). Para él, Jesús estaba tan vívido como cuando lo conoció por primera vez. ¿Todavía se siente emocionado por su conversión? ¿Con qué frecuencia les cuenta a otros los detalles de cómo y cuándo conoció a Jesús? Pídale a Dios que avive su sentido del llamamiento y de la obra salvadora que ha hecho en su vida. Nunca pierda de vista su llamado para servir a Jesús; sea fiel y hable de su experiencia de salvación con cualquiera que se cruce en su camino.

Jesús le pide que sufra por Él. A Pablo se le dijo que debía sufrir por Jesús. Casi inmediatamente, esta predicción se hizo realidad para él. Jesús nos dice también a nosotros que, en este mundo, tendremos tribulaciones (Jn. 16:33). Más tarde Pablo escribiría a un joven pastor amigo suyo: "...todos los que quieren vivir piadosamente en Cristo Jesús padecerán persecución" (2 Ti. 3:12). ¿Está experimentando algún tipo de persecución por su fe? No se sorprenda. Jesús dijo que eso sucedería. Si en la actualidad no está sufriendo persecución, dé gracias, pero preocúpese también. Compruebe la temperatura de su corazón. ¿Está ardiendo por Jesús? Al mundo no le importan los cristianos "tibios".

Las cinco visitas de Pablo a Jerusalén

1. Primera visita: tras su conversión y después de estar tres años en Damasco y el desierto árabe (Hch. 9:26-30).

2. Segunda visita: Pablo y Bernabé traen dinero de la iglesia de Antioquía. Después regresan a Antioquía y llevan a Marcos con ellos (Hch. 11:27-30).

3. Tercera visita: Pablo y Bernabé regresan con otros desde la iglesia de Antioquía para debatir en el consejo de Jerusalén (Hch. 15; Gá. 2) el tema de los cristianos gentiles y de los rituales del judaísmo. Llevan a Tito como ejemplo de un cristiano gentil que nunca ha estado expuesto a la ley judía.

4. Cuarta visita: Pablo y su equipo vienen a hacer una breve visita (Hch. 18:22), dejando atrás en Éfeso a sus amigos Priscila y Aquila.

5. Quinta visita: al final de su tercer viaje misionero, Pablo y su equipo viajan a Jerusalén con una colecta de dinero de las iglesias de Asia Menor (Hch. 21). Pablo es arrestado y pasa sus últimos años en la cárcel (Hch. 21—28)

Pablo

El apóstol de los gentiles

Pero levántate, y ponte sobre tus pies; porque para esto
he aparecido a ti, para ponerte por ministro y testigo de
las cosas que has visto, y de aquellas
en que me apareceré a ti.
HECHOS 26:16

☥

Característica más notable: Pasión por Cristo
Hecho más destacado: Escribió 13 libros del Nuevo
Testamento
Época: 1-67 d.C.
Nombre: *Pablo,* que significa "pequeño"
Textos principales: Hechos 12:25—28:31; las cartas de Pablo

Contexto

La formación de la Iglesia el día de Pentecostés es principalmente un asunto judío. La gran mayoría de los creyentes de Jerusalén son judíos convertidos, y Jesús es el Mesías largamente esperado por ellos. Al principio, los gentiles no eran tomados en cuenta. Solo tras la muerte de Esteban y el comienzo de la persecución, la nueva Iglesia empieza a cumplir la comisión de Cristo de llevar su mensaje "...hasta lo último de la tierra" (Hch. 1:8); lo cual significa llevar el mensaje a los no judíos, o gentiles.

Felipe está entre los que son obligados a dejar Jerusalén. Predica a los samaritanos y a un hombre etíope (Hch. 8:26-39). Pedro es llamado por Dios para predicar a un romano de nombre Cornelio (Hch. 10:34-43). Cada grupo de personas: samaritanos, romanos, y Cornelio y los suyos reciben el Espíritu Santo. Los judíos de Jerusalén están asombrados de que Dios extienda su salvación incluso a los gentiles. Los líderes judíos también oyen hablar del grupo de griegos que han huido de Jerusalén y que están predicando el evangelio a los gentiles en Antioquía de Siria. Una vez más, están sorprendidos de que un gran número de gentiles se conviertan a Cristo y se forme una iglesia. Envían a Bernabé para comprobar estas grandiosas noticias. Ahora es el momento de que el apóstol de los gentiles, Pablo, entre en escena.

Breve resumen

Saulo, el asesino de cristianos reformado, es un predicador agresivo que llega a Jerusalén desde Damasco, donde ha tenido una visión de Jesús. Su estilo frontal despierta mucha oposición y una gran agitación en la ciudad. En un intento de calmar las cosas, los judíos cristianos meten a Saulo en un barco de camino a su ciudad natal, Tarso. Aquí comienza un segundo periodo de silencio en la vida de Saulo, que después tomará su nombre griego, Pablo (el primer periodo de silencio fue cuando Saulo se fue al desierto árabe).

En este momento, empezamos a entender que Dios no desaprovecha ninguna de las cualidades especiales de Pablo y que está a punto de enviar a este hombre muy bien formado como misionero a los gentiles. Algunas de las credenciales de Pablo son:

Es ciudadano romano. Tiene libertad sin límites para viajar por todo el Imperio. Como tal, está protegido de la persecución a los judíos por motivos religiosos. No puede ser castigado sin ser juzgado. La ciudadanía romana también le permite tener contacto con todos los niveles sociales en todos los viajes que realiza.

Se educó en Grecia. Sabe hablar y escribir en el idioma comercial universal del Imperio. Su educación también le proporciona la habilidad para exponer sus argumentos teológicos según el modo de pensar lógico griego.

Fue educado en la ley judía. Pablo ha sido entrenado por uno de los maestros más respetables del judaísmo: Gamaliel, un experto en las Escrituras del Antiguo Testamento.

Aprendió del Espíritu Santo. Tras su conversión, Pablo pasa tiempo en el desierto de Arabia, donde recibe la revelación necesaria para entender y comunicar el plan de salvación de Dios a través del Señor

Jesucristo. Entender "lo profundo de Dios" le permitirá poner por escrito las enseñanzas que forman la base de la teología cristiana. *Tiene un oficio.* Es un fabricante de tiendas entrenado. Esto demuestra ser de utilidad durante los tiempos en que necesita apoyo financiero para él y para su equipo. Nunca será acusado de utilizar el evangelio para su propio beneficio. *Tiene experiencia.* Cuando Dios envía a Pablo a predicar a los gentiles, él ya lleva predicando y sirviendo unos diez años en Damasco, Jerusalén, Tarso y Antioquía. Pablo será el apóstol de los gentiles durante más de 20 años antes de ser martirizado en Roma por Nerón.

Visión general

▶ **Pablo, el misionero:** *Hechos 13—28*
La estrategia de Pablo:

* viajar a los centros de mayor población cerca de rutas de viajes establecidas;
* predicar sobre el Mesías primero a los judíos en sus sinagogas y luego a los gentiles temerosos de Dios;
* pasar a las audiencias de gentiles si los judíos se resistían;
* instruir en la fe a un grupo central de creyentes;
* dejar atrás una iglesia y repetir el proceso;
* volver a visitar las iglesias o escribirles cartas de instrucción.

▶ **Pablo, el teólogo:** *sus 13 epístolas*
Pablo es un profundo teólogo, como demuestra su epístola a los romanos. Esta ha sido considerada como uno de los tratados teológicos más grandes de todos los tiempos; su tema es la justicia de Dios. No obstante, Romanos y las otras 12 epístolas (cartas) son más prácticas que teológicas. Él escribe cartas a personas reales que están pasando por dificultades reales. Su reto es explicar las grandes verdades de Dios demostrando las implicaciones prácticas que tienen para la vida diaria. Sus cartas enseñan verdades espirituales que transforman vidas; verdades sobre conocer y caminar con Dios, y cómo ese conocimiento ayuda a sus lectores a avivar sus relaciones y a colocarlas en una perspectiva transformadora.

Retrato

Junto a nuestro Señor Jesús, Pablo fue una de las figuras más significativas de la era cristiana. Poseía grandes dones espirituales y una voluntad inusualmente fuerte. En sus primeros años como cristiano, mostraba algunos aspectos duros. Más tarde, cuando se van leyendo sus cartas, se le puede ver más suave, más gentil. Pablo había madurado en su amor por el Salvador y por el pueblo de Dios. Estaba dispuesto a pagar cualquier precio por servir a Dios o a otros; incluso el del sufrimiento y el dolor. Seguía siendo tan franco como siempre al hablar sobre aquello en lo que creía. Seguía siendo un líder exigente y de firmes convicciones. No obstante, en sus confrontaciones, Pablo demostraba un amor maduro y compasión por los que no tenían a Cristo. Algunas otras cualidades:

- Invertía en las vidas de los demás.
- Jugaba en equipo.
- Alentaba.
- Motivaba.
- Sacaba lo mejor de las personas.
- Servía de modelo de lo que predicaba.
- No pedía a los demás cosas que él no estuviera dispuesto a hacer.

La historia ha demostrado que Pablo fue el principal arquitecto de la teología cristiana, habiendo aprendido del Espíritu de Dios el significado de la muerte de Jesús y la naturaleza de la nueva vida que ha de ser vivida "en Cristo". También fue el principal modelo de la estrategia misionera bíblica.

Enseñanzas de Pablo para la vida

Dios lo ha preparado especialmente para su servicio. Pablo tuvo una influencia increíble en el mundo de su época. Su vida única y especial, su gran intelecto, su educación y su entrenamiento fueron valores destacados en manos de Dios. No se dejó nada atrás en su salvación, excepto su pecado. Dios utilizó los dones y las habilidades especiales de Pablo para su gloria, pero también tuvo un siervo dispuesto en él. Nada estaba fuera de los límites de Dios en la vida de este apóstol.

Usted también tiene un conjunto especial de dones y habilidades que lo hacen de gran valor para el servicio de Dios. ¿Está dispuesto a que Dios tome su vida —con todas sus cualidades— y la utilice para su servicio? ¿O hay áreas que reserva para sí mismo? Nunca sabrá todo lo que Dios puede hacer a través de usted hasta que le permita adueñarse de cada parte de su vida.

La alabanza debería ser el centro de sus relaciones. Pablo entendió el valor de las palabras de ánimo dichas a tiempo. En cada una de sus cartas, alababa los esfuerzos de los demás, como en su alabanza a Tíquico en Efesios 6:21: "...Tíquico, hermano amado y fiel ministro en el Señor". Ser confirmado públicamente es muy alentador. ¿Es consciente de los esfuerzos de los demás? ¿Está dispuesto a alabar a los demás por esos esfuerzos? ¿Se desvía de su camino para alabar los logros de sus compañeros de trabajo? Impóngase como objetivo para hoy reafirmar a todos con los que esté en contacto. Observe la diferencia que pueden suponer unas cuantas palabras de alabanza.

La adversidad es una oportunidad de confiar en Dios. Pablo oró tres veces por Dios para eliminar lo que él llamaba "un aguijón en mi carne" (2 Co. 12:7). Al final, entendió lo que Dios estaba haciendo: el problema lo hacía ser humilde, lo obligaba a depender del Señor y formaba su carácter. ¿Está sufriendo por su "aguijón" particular, ya sea una enfermedad debilitante, un revés financiero, un ataque malicioso a su forma de ser? Acuérdese de preguntar *qué* en lugar de *por qué*. Dios entiende su pena y tiene razones para su sufrimiento. Convierta su aguijón en confianza. Utilice la adversidad como oportunidad de confiar en Dios y entender *qué* quiere enseñarle a través de esta situación. Como en la vida de Pablo, la gracia del Señor es suficiente incluso para su problema.

Los encarcelamientos de Pablo

Pablo pasó muchos días, semanas, meses y años en prisión por su fe.

- La cárcel de Filipos: una noche (Hch. 16:22-40).

- Encarcelamientos frecuentes no relatados (2 Co. 11:23).

- La cárcel provincial de Cesarea: dos años (57-59 d.C.). Viajó a Roma encadenado para presentarse ante César (otoño del 59 a la primavera del 60). (Hch. 27—28).

- El primer encarcelamiento en Roma: dos años (60-62). Esperó el juicio ante César en "arresto domiciliario"; después Pablo fue liberado y viajó a diferentes iglesias (62-65).

- El segundo encarcelamiento en Roma (67). Un tratamiento mucho más severo, que terminó en martirio.

Timoteo

El entrenador de la siguiente generación

Lo que has oído de mí ante muchos testigos, esto
encarga a hombres fieles que sean idóneos
para enseñar también a otros.

2 TIMOTEO 2:2

&

Característica más notable: Un hombre fiel
Hecho más destacado: Representante de Pablo en las iglesias
Época: Primera mitad del siglo I
Nombre: *Timoteo*, que significa "honrado por Dios"
Textos principales: Hechos 16:1-3; 17:14-15; 1 Corintios 4:17; 1 y
2 Timoteo

Contexto

Mientras Pablo, Bernabé y otros enseñan y ministran a los cristianos en Antioquía de Siria, el Espíritu Santo habla a los líderes. Pablo y Bernabé van a ser elegidos para una misión especial. La congregación, con su liderazgo, ora, ayuna y envía a sus dos líderes más capacitados y dotados a Antioquía en el primero de los tres viajes misioneros. Al final, al término de su viaje, llegarán a la zona llamada Galacia (la moderna Turquía) y a las ciudades de Derbe y Listra.

A su llegada, Pablo y su equipo comienzan su práctica habitual de predicar sobre Jesús. No se hace mención alguna a un lugar de reunión de judíos, o a una sinagoga, así que Pablo predica a las multitudes en un mercado. Puede que en una de estas reuniones públicas, un joven llamado Timoteo, su madre Eunice y su abuela Loida se hagan cristianos. Tras un tiempo de instrucción, Pablo y Bernabé dejan atrás una iglesia en nacimiento.

Breve resumen

Varios años más tarde, Pablo y su nuevo compañero de viaje Silas regresan de su primer viaje misionero. Una vez más van a la ciudad natal de Timoteo, Derbe. Pablo conoce a Timoteo de su primer viaje. Al escuchar que este ahora es mayor (posiblemente veintitantos) y que los cristianos de la zona hablan bien de él, Pablo le pide que se una al equipo en calidad de aprendiz. Timoteo es ideal para el servicio misionero porque tiene un padre griego y una madre judía. Esta combinación le da acceso tanto a la cultura gentil como a la judía.

Con el paso de los años, Timoteo demuestra ser un fiel y leal seguidor de Pablo. Con frecuencia este le pide que lleve comunicados entre congregaciones donde ha estado ministrando. Hacia el final de su vida, Pablo envía a Timoteo a Éfeso, una iglesia fundada por el apóstol, como su representante oficial en la ayuda para designar y entrenar al líder. Mientras Timoteo está allí, recibe dos cartas de Pablo, que ahora está encarcelado en Roma, donde le da ánimos e instrucciones. Estas dos cartas, 1 y 2 Timoteo, relatan las últimas demostraciones del amor, la preocupación de Pablo por Timoteo y su filosofía del ministerio para una iglesia local.

Visión general

▶ **Inicios de Timoteo:** *2 Timoteo 1:5; 3:15*

Pablo, en su segunda carta a Timoteo, nos ofrece una imagen de los inicios de este al recordarle su fuerte fe, que quedó demostrada primero en su madre Eunice y en su abuela Loida. Estas dos mujeres habían instruido fielmente a Timoteo en las Escrituras del Antiguo Testamento desde que era niño. Fueron estas "Sagradas Escrituras" (3:15) las que lo prepararon para la fe en Jesucristo.

▶ **Timoteo, compañero de Pablo**

Timoteo se une al equipo misionero de Pablo y pasa alrededor de 15 años ayudándole. Así vive esos años:

- Timoteo viaja con Pablo a Filipos, donde comienza a demostrar su devoción a Pablo y su celo evangelizador (Fil. 2:22). Lo dejan supervisando la nueva iglesia fundada por el apóstol, mientras este va a Tesalónica (Hch. 17:1).
- Pablo y Silas predican en Tesalónica lo suficiente como para fundar una iglesia. Cuando surgen los problemas, viajan a Berea. Nuevamente surgen alborotos, y Pablo se traslada a Atenas, mientras Silas se queda a esperar por Timoteo.
- Timoteo llega de Filipos y se queda con Silas en Tesalónica enseñando y predicando a la recién formada iglesia (Hch. 17:14).
- Timoteo y Silas se reúnen con Pablo en Atenas, desde allí este envía a Timoteo de regreso a Tesalónica para confirmarlos y exhortarlos respecto a su fe (1 Ts. 3:2).
- Regresa para reunirse con Pablo en Corinto, en el sur de Atenas (Hch. 18:5). Está con Pablo cuando este escribe las dos cartas a los tesalonicenses (1 y 2 Ts. 1:1).
- No se menciona nada de Timoteo en cinco años, hasta que es enviado desde Éfeso hasta Grecia para preparar la llegada de Pablo (Hch. 19:22). Viaja con él a Corinto y lo acompaña cuando el apóstol escribe a los creyentes de Roma (16:21).
- No se vuelve a mencionar de nuevo a Timoteo hasta que llega a Roma para estar con Pablo durante su encarcelamiento y mientras escribe lo que se denominan "cartas desde la prisión".
- Timoteo viaja con Pablo tras ser liberado y es dejado, muy a su pesar, en Éfeso (2 Ti. 1:4) para tratar los problemas relacionados con la falsa doctrina, el desorden en los cultos, la necesidad de madurez en los líderes y la mundanería. Mientras está en Grecia, Pablo escribe a Timoteo la primera de las dos cartas que tratan estos temas. Una segunda carta llega poco después, pero esta vez desde una celda en Roma, donde pronto Pablo será martirizado. Allí le pide a Timoteo que se reúna con él lo antes posible.

Retrato

Mucho antes de que Pablo llegara por primera vez a Derbe, Timoteo ya había sido bien instruido en las Escrituras del Antiguo Testamento por su madre y su abuela. Dios abrió estas enseñanzas en el corazón y la mente de Timoteo cuando Pablo predicó sobre Jesús el Mesías. Timoteo siguió creciendo y madurando en ausencia del apóstol. Estaba bíblica y culturalmente cualificado para unirse al equipo de Pablo, quien vio en él un gran potencial. Pablo demostró su confianza en Timoteo al darle importantes responsabilidades. Parece que el joven era reservado y a veces tímido. Su juventud tampoco ayudaba, ya que a menudo las iglesias menospreciaban su edad cuando les traía instrucciones de Pablo. Mientras este estaba esperando su ejecución, pidió a Timoteo que viniese a Roma. No se sabe con certeza si llegó a tiempo antes de la muerte del apóstol.

Timoteo mismo sufrió al menos un encarcelamiento tras la muerte de su mentor; lo sabemos porque el escritor de Hebreos habla de su liberación (He. 13:23). No hay más menciones bíblicas al ministerio o la muerte de Timoteo, pero la tradición dice que continuó su ministerio en Éfeso y sufrió martirio durante el mandato de Domiciano (81-96 d.C.), emperador de Roma.

Enseñanzas de Timoteo para la vida

Dese cuenta de la importancia de formar a la siguiente generación de líderes. Pablo era un entrenador de hombres. Asesoró y envió a muchos jóvenes. Sabía que su vida se terminaría pronto, así que hizo todo lo posible para formar a hombres como Timoteo, para que siguieran transmitiendo la fe. ¿Está siguiendo los pasos de Pablo? ¿A quiénes está usted entrenando para que sean la siguiente generación de cristianos "ardientes"? Empiece con sus hijos, después fíjese en los jóvenes de la iglesia. Las jóvenes necesitan aprender un comportamiento piadoso. Los jóvenes necesitan saber cómo dirigir sus futuros hogares. ¿Cómo aprenderá la nueva generación si usted no les enseña?

Deles a los jóvenes oportunidad de desarrollar sus dones espirituales. A Timoteo desde el principio mismo de su viaje misionero con Pablo, se le ofrecieron ocasiones de poner en práctica su fe. Se puso a la altura de las circunstancias y pronto obtuvo una visión de lo que Dios era capaz de hacer a través de él. Jugó un papel importante en el crecimiento y desarrollo de la iglesia primitiva. Los jóvenes necesitan ser guiados atentamente, pero también necesitan libertad y ocasiones para poner a trabajar su fe y descubrir sus dones espirituales. Al igual que enseña a sus hijos a descubrir sus talentos naturales y sus habilidades, enseñe a sus hijos y a otros jóvenes a servir a Dios y descubrir sus dones espirituales.

Recuerde el papel de los padres en el desarrollo espiritual. Es obvio lo importantes que fueron Loida y Eunice en el desarrollo espiritual del joven Timoteo. No sabe cuánta influencia tiene como padre o madre en sus hijos respecto a los temas espirituales. La madre y la abuela de Timoteo tenían una "fe genuina", una auténtica fe sin distorsiones; no una fe hipócrita, una fe de domingos. La suya era una fe real, y la vivían delante de Timoteo. Asegúrese de que su fe sea genuina y de vivirla de esa manera delante de sus hijos. Esta es la mejor ayuda que les puede dar a ellos o a otros jóvenes cuando empiecen a tener problemas con su crecimiento y madurez espiritual.

Otros hombres que viajaron con Pablo

Tito: un griego convertido al que se le confiaron misiones en Corinto y Creta (2 Co. 2:13; 7:6-15; 8:6, 16-24; Epístola a Tito).

Tíquico: un cristiano de Asia que sirvió como mensajero de Pablo a muchas iglesias.

Epafras: se convirtió en Éfeso y después fundó la iglesia de Colosas. Estaba tan preocupado por las herejías que se estaban introduciendo en la iglesia que realizó un largo viaje a Roma para pedir ayuda a Pablo sobre ciertos temas doctrinales.

Epafrodito: miembro de la iglesia de Filipos que trajo a Pablo algunos presentes de la iglesia y cayó gravemente enfermo cuando estaba con él.

Aquila y Priscila

Un dúo dinámico

Saludad a Priscila y a Aquila, mis colaboradores
en Cristo Jesús, que expusieron su vida por mí;
a los cuales no sólo yo doy gracias, sino también
todas las iglesias de los gentiles. Saludad
también a la iglesia de su casa...
ROMANOS 16:3-5

Característica más notable: Siervos voluntariosos
Hecho más destacado: Arriesgaron sus vidas por Pablo
Época: Mitad del siglo primero
Nombre: *Aquila*, que significa "águila", y *Priscila*, que significa "merecedor" o "venerable"
Texto principal: Hechos 18

Contexto

Después de Julio César, el emperador de Roma fue Claudio. Los judíos fueron tratados generalmente con indiferencia durante su mandato, excepto durante un tiempo, en el 49 d.C., en que fueron expulsados de Roma (Hch. 18:2). En esta época, una pareja, cuyos nombres eran Aquila y Priscila, dejaron Roma y se fueron hacia Corinto, una gran ciudad comercial, donde iniciaron su negocio de fabricantes de tiendas. Pablo, que tiene la misma profesión, entabló amistad con ellos, que probablemente ya se habían convertido en Roma y habían sido miembros de la iglesia de la ciudad.

Breve resumen

Aquila y Priscila forman un equipo esposo-esposa destacable. En las Escrituras, siempre se mencionan juntos. Juntos fabrican tiendas. Juntos se hacen amigos de Pablo, que también es fabricante de tiendas, y lo acompañan en sus viajes misioneros. Su casa siempre está abierta para los demás y celebran cultos dondequiera que estén viviendo. Son aprendices cuando escuchan las enseñanzas de Pablo. Y son maestros cuando transmiten a otros lo que han aprendido. Incluso en los momentos de peligro y valor, son mencionados juntos, como cuando Pablo dice que "expusieron su vida" por él. Pablo está tan agradecido por su amistad y fraternidad en el evangelio que expresa abiertamente el aprecio que siente por su servicio en su carta a la iglesia de Roma, donde ellos viven en aquel momento (Ro. 16:3-5).

Visión general

Un breve repaso a esta maravillosa pareja revela que son dos personas que están unidas en una vida de servicio.

Están disponibles. Cada vez que se menciona a Aquila y Priscila en la Biblia, o están de paso en una ciudad o van de camino hacia una ciudad diferente, y están involucrados en varios servicios:

Hechos 18:1-3: Abren su casa a Pablo y comparten con él su negocio de fabricación de tiendas.

Hechos 18:18-19: Son compañeros de viaje de Pablo cuando este se va de Corinto a Éfeso.

Hechos 18:24-28: Ayudan a completar el entrenamiento de Apolos, un hombre que solo conocía las enseñanzas de Juan el Bautista. Él acabó siendo un gran predicador de Cristo.

Romanos 16:3-5: Celebran una reunión de la iglesia en su casa en Roma.

1 Corintios 16:19: Celebran una reunión de la iglesia en su casa en Éfeso.

Son hospitalarios. Hospedan a Pablo durante más de un año cuando viene a Corinto. También abren sus puertas para la nueva iglesia en Éfeso y después más tarde en Roma.

Tienen conocimientos. Como trabajaron y vivieron con el gran apóstol Pablo durante meses, Aquila y Priscila tienen muy buenos conocimientos de las Escrituras. Esto queda demostrado en la forma en que ellos "...tomaron aparte [a Apolos] y le expusieron más exactamente el camino de Dios" (Hch. 18:26).

Son valientes. Ser cristiano en los inicios de la Iglesia es muy peligroso. Hay muchas persecuciones por parte del gobierno romano y de los grupos religiosos paganos locales. Pablo es experto en ser perseguido, pues ha sido golpeado, apedreado, encarcelado y tratado mal, por lo general, en todas las partes donde ha ido. Esta asombrosa pareja es tratada más o menos de la misma manera cuando exponen su vida por Pablo.

Retrato

Juntos, Priscila y Aquila trabajaron como fabricantes de tiendas. Conocieron y hablaron de las enseñanzas de Jesús, abrieron su casa y sufrieron una vida de persecución. ¡Qué pareja! Siempre estaban en movimiento de un lugar a otro. Pero sus ojos y oídos, y qué decir de sus corazones, estaban abiertos a los necesitados. Estaban listos, dispuestos y preparados —al menos con lo poco que tenían— para servir al Señor en cualquier parte, de cualquier manera, en cualquier momento, a cualquier precio. Eran un ejemplo increíble de lo que significa servir a Dios como pareja.

Enseñanzas de Aquila y Priscila para la vida

El servicio eficaz como pareja requiere que ambos maduren espiritualmente. Priscila y Aquila aprendían y maduraban bajo el ministerio de Pablo. Cuando llegó el momento de ampliar el conocimiento sobre la fe cristiana, ambos estaban preparados para dar a Apolos una información más precisa. Madure en el Señor y anime a su esposo o esposa a madurar también. Dios los ha unido para que sean más fuertes juntos que cada uno de ustedes por separado. Para trabajar bien como equipo, deben seguir madurando como individuos.

El servicio efectivo comienza con las pequeñas cosas. Priscila y Aquila empezaron abriendo su casa a Pablo. No necesitaron ningún entrenamiento para demostrar hospitalidad. Fueron las enseñanzas de Pablo las que los prepararon para instruir a Apolos con una información más precisa. Y lo mismo sucede con usted. Pequeñas cosas son barrer el piso de la iglesia, recoger después del servicio dominical, ayudar a hacer reparaciones en el templo o dar comidas a los enfermos. A medida que vaya madurando en su fe, entienda mejor sus dones espirituales y sea fiel en las pequeñas cosas, también aumentará su capacidad para servir en asuntos más importantes.

El servicio efectivo es posible cuando se está disponible. Priscila y Aquila hacían un servicio a tiempo completo porque siempre estaban disponibles. Parece que no tenían hijos, así que las ocasiones para el ministerio aumentaban mucho. Hay tiempos y etapas en las que uno esta limitado por la familia o las obligaciones laborales, pero esto no debería ser una excusa para dejar de utilizar sus dones espirituales. Haga todo cuanto pueda para estar disponible para Dios, y observe cómo multiplica los efectos del servicio que usted realiza para Él.

Cómo entiende la Biblia el servicio

El servicio se espera: Usted ha sido creado para buenas obras (Ef. 2:10).

El servicio debe ser indivisible: No se puede servir a dos señores (Lc. 16:13).

El servicio es sacrificado: El servicio que cuesta es el que cuenta (Ro. 12:1).

El servicio es para beneficio de los demás: Dios le ha dado dones espirituales para servir a su cuerpo, la Iglesia (1 Co. 12:7).

Tito

La imagen de Pablo

*Pero gracias a Dios que puso en el corazón de Tito la
misma solicitud por vosotros... En cuanto a Tito, es mi
compañero y colaborador para con vosotros...*

2 CORINTIOS 8:16, 23

☙

Característica más notable: Fiabilidad
Hecho más destacado: Proporcionó liderazgo para las iglesias
de la isla de Creta
Época: Desde la mitad hasta finales del siglo primero
Nombre: *Tito*, nombre griego común
Texto principal: Tito 1—3

Contexto

Pablo es un profesor excelente, culto, muy motivado y lleno del
Espíritu Santo. Sus dones y habilidades lo hacen ser muy dinámico en
la expansión del evangelio y la fundación de iglesias durante los años
de formación del cristianismo. Pero Pablo sabe que la Iglesia debe ser
construida sobre Cristo y no sobre las personas. También sabe que
las congregaciones necesitan líderes espirituales entrenados para
prosperar. Él sabe que solo es un hombre y que se irá pronto. Hay que
entrenar a otros para que asuman el papel de edificar, animar, enseñar
y disciplinar. Para conseguir eso, entrena a jóvenes pastores para que
asuman el liderazgo en las iglesias cuando él se vaya. Tito es uno de
esos jóvenes entrenados por Pablo para predicar la Palabra de Dios (2
Ti. 3:16-17) y entrenar a otros (2 Ti. 2:2) para llevar a cabo el ministerio
cuando él se vaya.

Breve resumen

Tito es un creyente griego al que Pablo enseñó y entrenó. Cuando surgió la controversia sobre los elementos que eran necesarios para la salvación de los gentiles, Tito fue con Pablo a Jerusalén para demostrar que no es necesario para un gentil seguir la ley judía para ser salvado. Como Timoteo, Tito es un compañero de viaje de confianza y un amigo para Pablo. Cuando madura en su fe, a Tito se le asigna la misión de resolver los problemas que han surgido en la iglesia de Corinto. Al final, cuando la vida de Pablo está llegando a su fin, Tito se queda en Creta para supervisar todas las iglesias de la isla y para buscar y entrenar a nuevos líderes. Pablo envía al menos un sustituto, Artemas o Tíquico, para que Tito se pueda reunir con él en Nicópolis, una ciudad al sur de Grecia donde Pablo planea pasar el invierno. La tradición dice que Tito regresó más tarde a Creta y se convirtió en el líder espiritual permanente de ese lugar; murió allí a edad avanzada.

Visión general

▶ Presentación de Tito: *Gálatas 2:1, 3*

Tito es un gentil convertido de Antioquía que se asocia con el apóstol Pablo. Se une a Pablo y Bernabé cuando estos viajan a Jerusalén y sirve como ejemplo de la salvación de los gentiles. (Algunos judíos creían que los gentiles conversos necesitaban seguir la ley judía, lo cual implicaba someterse a la circuncisión). Tito es la prueba de Pablo de que no es obligatorio que los gentiles sigan la ley judía.

▶ Tito, el conciliador: *2 Corintios*

Corinto fue el ministerio más difícil de Pablo. Siempre parecía haber problemas en aquella iglesia. Tras su primera visita que duró 18 meses, el apóstol envía a Timoteo con 1 Corintios para tratar los problemas que preocupan en aquel momento. Las cosas parecen haber ido de mal en peor, ya que Pablo consideró necesario enviar a Tito a Corinto con 2 Corintios:

- Pablo envía a Tito a Corinto con una carta que está perdida en la actualidad y que fue escrita "con muchas lágrimas" (2:4), esperando el arrepentimiento de aquellos que estaban en pecado (7:5-16).

- Pablo deja Éfeso y viaja a Troas esperando encontrarse con Tito, que le trae noticias de Corinto. Aunque allí hay una gran oportunidad para el ministerio, Pablo está ansioso por escuchar las noticias, así que vuelve atrás hacia Macedonia en busca de Tito (2:12-13).
- Tito y Pablo se reúnen en Macedonia. Para alivio y alegría de Pablo, Tito trae noticias de que la mayoría se ha arrepentido de su rebelión contra el apóstol (7:5-12).
- Pablo quiere tratar cualquier tipo de rebelión que todavía esté en marcha, así que escribe 2 Corintios y se la entrega a Tito y a otro compañero de viaje cuyo nombre se desconoce, posiblemente Lucas.
- Tito lleva 2 Corintios a Corinto, pero no por obligación. Por propia iniciativa y debido a su preocupación, Tito regresa voluntariamente a Corinto para ayudar a Pablo en su llamamiento a los corintios a volver a dar la ofrenda para los pobres de Jerusalén (8—9).

▶ Tito, el líder: *Tito 1—3*

Pablo confió en que Tito, más que ningún otro joven, fuera capaz de resolver los problemas y progresar en circunstancias difíciles. Por eso lo deja en la isla de Creta, para completar la tarea de fortalecer las nuevas iglesias fundadas. La isla está plagada de inmoralidad, y sus habitantes son mentirosos y glotones perezosos. Así que la tarea es difícil. La primera misión de Tito es buscar líderes. Pablo le da una lista de cualidades necesarias en los líderes, con lo cual se presupone que Tito ya cumple con esos requisitos. Pablo confía en la habilidad de Tito como líder y en su forma de entender los temas teológicos, así que su carta es un recordatorio de la importancia de comportarse como cristiano, especialmente en lo que se refiere a hacer buenas obras. El orden de la iglesia y la forma correcta de vivir son las mejores herramientas de evangelización que poseemos ante un mundo vigilante.

Retrato

Tito tuvo una profunda influencia en la iglesia primitiva. Fue un hombre de Dios fiel y habilidoso al que el apóstol confió una gran responsabilidad. Se le asignaron tareas que ni siquiera Timoteo, el socio favorito de Pablo, podía manejar. Tito era un hombre tan fuerte y entregado que Pablo podía confiarle tareas de suma importancia, como la de que los corintios aceptaran al apóstol, algo que no consiguió Timoteo. Tito fue enviado para obtener los resultados deseados. Y cuando Pablo tuvo que irse de la isla de Creta, Tito fue dejado allí para terminar lo que aquel había empezado con las nuevas iglesias fundadas. Tito, en otras palabras, era un hombre en el cual Pablo podía confiar para llevar a cabo las tareas más difíciles. ¿Por qué? Porque caminaba con el mismo espíritu y las mismas pisadas que su maestro (2 Co. 12:18).

Enseñanzas de Tito para la vida

La fiabilidad es esencial para el servicio. Tito tuvo una influencia extraordinaria en la iglesia primitiva. Debido a esto, las iglesias que estaban bajo su cuidado echaron raíces y crecieron. Tito era un siervo tan fuerte y entregado que Pablo podía confiar en él para muchas tareas de gran importancia. ¿Cuánto se puede confiar en usted? ¿Las demás personas de la iglesia pueden contar con que usted haga lo que dice que va a hacer o que estará donde ha dicho que va a estar? Fidelidad y fiabilidad son las señales de la madurez espiritual. Usted también puede tener una gran influencia en su iglesia y comunidad siendo una persona de fiar, una persona en la que los demás puedan confiar.

Los problemas son un hecho en la vida. El apóstol Pablo tuvo una vida muy difícil. Siempre estaba rodeado de problemas y de personas problemáticas. Pero en muchas ocasiones, enviaba a otros, especialmente a Tito, para aportar soluciones a una situación. Siga el ejemplo de Tito la próxima vez que tenga un problema:

- *Acepte la realidad de su problema.* Tito fue a Corinto teniendo pleno conocimiento de la difícil situación que tendría que enfrentar respecto al pecado. No ignore el problema esperando que desaparezca. Enfréntelo con franqueza.
- *Averigüe la amplitud de su problema.* Tito se quedó en Creta para terminar una difícil misión. Pablo escribió la epístola a Tito para ayudarle a ver la "idea general" de la isla, su

pueblo y su historia. Lo que Pablo sabía podía ayudar a Tito a tratar mejor con las iglesias de Creta. De la misma manera, asegúrese de conocer todos los hechos. Determine cuáles son sus opciones. Muchos problemas tienen más de una solución. Piense en todas las posibilidades.

- *Pida el consejo de los demás.* Como había visto los problemas él mismo, Pablo no dudó en aconsejar a Tito. Esto permitiría a Tito tomar decisiones informadas. Una vez que entienda bien un problema y haya determinado cuáles son las opciones que tiene, será el momento de tomar una decisión. Empiece pidiendo a Dios sabiduría a través de su Palabra. Después pida el consejo de una persona sabia en su iglesia. A menudo alguien desde fuera puede ver con más claridad un tema. Solo un tonto rehúye el consejo de otros, especialmente de Dios. ¿Desea sabiduría para enfrentarse a los problemas que tiene frente a usted? Intente conseguir esta sabiduría a través de los demás. Después trabaje para resolver con éxito su problema.

El perfil de un discípulo

Tito caminaba en las pisadas de Pablo, era un auténtico discípulo.

Tito honraba a Pablo como un hijo a un padre, era un hijo en el que se podía confiar.

Tito era un estudiante voluntarioso, era un siervo al que se le podía enseñar.

Tito estaba centrado en su cometido, era un especialista enfocado en su tarea.

Tito estaba preparado para las situaciones más difíciles, era un soldado entrenado del ejército de Dios.

Filemón

Un hombre con una decisión que tomar

Te he escrito confiando en tu obediencia, sabiendo que harás aun más de lo que te digo.

FILEMÓN 21

☘

Característica más notable: Un espíritu obediente
Hecho más destacado: Avivó los corazones de los santos
Época: Desde la mitad hasta finales del siglo primero
Nombre: *Filemón*, que significa "amistad"
Texto principal: Filemón

Contexto

La esclavitud está extendida por todo el Imperio romano. Se estima que los esclavos constituían al menos una tercera parte de la población. En los días de Pablo, los esclavos podían ser médicos, músicos, maestros, artistas y muchas otras cosas. Algunos disfrutaban de situaciones favorables y tenían una vida mejor que muchos trabajadores libres. Pero también había muchos esclavos que eran tratados con crueldad.

El Nuevo Testamento no ataca directamente la esclavitud en ningún momento. Hacerlo habría traído como consecuencia la insurrección, y el mensaje del evangelio se habría confundido irremediablemente con una reforma social. La influencia del cristianismo en la sociedad empezó a minar el mal de la esclavitud transformando los corazones tanto de esclavos como de amos. Los cambios espirituales producen cambios sociales. La epístola de Pablo a Filemón, un amo, sobre la huida de su esclavo Onésimo, saca a la luz este proceso transformador.

225

Breve resumen

Filemón es un miembro acaudalado de la iglesia de Colosas, una ciudad a 160 km de Éfeso. Es probable que se haya convertido al cristianismo durante los tres años de ministerio de Pablo allí en su tercer viaje misionero. Filemón es lo suficientemente rico como para tener al menos un esclavo, Onésimo. Pablo escribe una carta a Filemón y también escribe a Apia y Arquipo, su esposa e hijo, así como a la iglesia que se reúne en su casa. Pablo quiere que esta carta personal se lea en la iglesia. Esta lectura pública informa a Filemón y también instruye a la iglesia sobre el tema del perdón.

Visión general

▶ El delito de Onésimo

Onésimo no es creyente cuando roba dinero (v. 18) a Filemón y huye a Roma, esperando perderse entre la gran cantidad de población de esclavos de la ciudad. Por la providencia de Dios, Onésimo conoce a Pablo allí y se hace cristiano. Pablo rápidamente se encariña con Onésimo (vv. 12, 16) y desea tenerlo con él en Roma porque le es muy útil, mientras está en prisión (v. 11).

▶ El problema de Pablo

Onésimo ha quebrantado la ley romana al robar a su amo y huir. Pablo sabe que debe hacer que Onésimo vuelva a su amo. Ambos conocen la ley: el dueño tiene el derecho de matar al esclavo que escapó. Pablo envía a Filemón una carta pidiéndole que perdone a Onésimo y le dé permiso para volver a servir como hermano en Cristo (vv. 15-17). Para Onésimo es muy peligroso hacer el viaje solo debido a los cazadores de esclavos, así que Pablo lo envía con Tíquico, que regresa a Colosas con una carta para los colosenses (Col. 4:7-9). Y como nota final, Pablo expresa esperanza de ser liberado pronto de prisión y pide a Filemón que prepare una habitación de invitados anticipando su visita.

▶ La oportunidad de Filemón de perdonar

La petición de Pablo a Filemón de que perdone a Onésimo está basada en estas relaciones:

- La relación entre Filemón y Pablo: Pablo es un anciano y afligido amigo que llevó a Filemón a la fe salvadora, una deuda que este nunca podrá pagar.
- La relación de Filemón con Jesús: Filemón está lleno de amor y fe hacia Jesús, que lo ha perdonado.
- La relación de Filemón con los otros creyentes: Filemón ha abierto su corazón y su hogar a otros... así que ¿por qué no hacerlo con Onésimo?
- La relación de Onésimo con Jesús: Onésimo ahora es también creyente en Cristo.
- La relación de Onésimo y Filemón: Onésimo ya no es inútil, es útil.
- La relación de Pablo con Filemón: Pablo se ofrece a pagar el dinero que sea necesario para que Onésimo se reconcilie con Filemón.

Retrato

Todo lo que conocemos del carácter de Filemón lo dice esta breve carta, donde se lo describe como alguien de gran nobleza. Fue recomendado por su fe y amor, su generosidad y hospitalidad, su espíritu de obediencia y perdón. Filemón había sido transformado a nivel vertical por su relación con Dios, lo cual había traído como consecuencia una transformación a nivel horizontal en sus relaciones con los demás, en particular con Onésimo. No tenemos indicación alguna de cómo recibió la carta Filemón, pero dada la diplomática persuasión de Pablo y el ahora carácter cristiano de Filemón, solo podemos aventurar que Onésimo y Filemón se reconciliaron, y que se inició una nueva era en la relación entre esclavo y amo... al menos en esta iglesia en particular.

Enseñanzas de Filemón para la vida

El perdón es más cristiano cuando se ofrece sin ser merecido. Filemón tenía la ley de su lado. Onésimo la había infringido y merecía ser castigado. No obstante, Pablo le pidió a Filemón que perdonara por amor a Cristo y por su amistad con él. De la misma manera que usted ha sido perdonado en Cristo, también debería perdonar libremente a otros, lo merezcan o no. ¿Necesita perdonar a alguien que se ha portado mal con usted? ¿O necesita pedir el perdón de otros? Perdonar a los demás es un indicador de que usted ha sido perdonado en Cristo.

Hacerse cristiano no lo libera de sus acciones pecadoras pasadas. Onésimo tenía un pasado. Sí, ahora era creyente, y sus pecados anteriores le habían sido perdonados, pero seguía obligado a responder por sus actos. Mostró que su vida se había transformado volviendo voluntariamente a someterse al juicio de su amo. ¿Hay algo en su pasado que necesite arreglar? Pídale a Dios que le dé valor y fortaleza para hacer lo que sea necesario para reparar cualquier relación rota o solucionar cualquier error cometido.

Mediar por otros es una función importante de su vida cristiana. Pablo era amigo tanto de Filemón como de Onésimo. Había un problema obvio entre estos dos creyentes. Pablo podía haber utilizado su autoridad para dictar una reconciliación, no obstante decidió apelar a la vida transformada de Filemón y dejar en sus manos la decisión. Al haberse reconciliado con Dios, ahora ha recibido el "ministerio de la reconciliación" (2 Co. 5:18). Cuando surjan esas ocasiones, siga el ejemplo de Pablo y apele al carácter cristiano de los demás, y permita que el Espíritu Santo obre en sus corazones para que hagan lo correcto. Puede que usted tenga el poder o la autoridad para hacer que otros hagan lo que es correcto, pero a menos que esté personalmente convencido de una resolución, cualquier cambio solo será superficial.

Relaciones de trabajo cristianas

Efesios 6:5-9

Respete y obedezca a su jefe.

Sirva a su jefe como serviría a Cristo.

Trabaje mucho, aunque su jefe no esté observando.

Vea su trabajo como la voluntad de Dios para usted.

Trabaje con alegría, como si estuviera trabajando para Cristo.

Dios recompensará su trabajo.

Santiago

Un siervo de Cristo

...Jacobo [Santiago], Cefas y Juan, que eran
considerados como columnas, nos dieron a mí y a
Bernabé la diestra en señal de compañerismo...
GÁLATAS 2:9

☘

Característica más notable: Humildad
Hecho más destacado: Escribió un libro del Nuevo
Testamento que lleva su nombre.
Época: 3-62 d.C.
Nombre: *Jacobo*, que significa "suplantador"; en castellano, la
forma *Santiago* es una contracción de *Santo* y del hebreo *Yacob*.
Textos principales: Hechos 12:17, 15:13, 21; Gálatas 1:19; 2:9, 12

Contexto

El libro de Hechos abre con un cambio que se produce en el pequeño grupo de creyentes en Jesús. En los primeros capítulos, Cristo envía su Espíritu sobre sus discípulos, el cual les proporciona determinación y valentía. En el plazo de unas pocas semanas, miles de personas más creen que Jesús es el Mesías gracias a las predicaciones de los apóstoles y de los demás discípulos que presenciaron la llegada del Espíritu Santo.

Una de las personas que están presentes en ese momento es Jacobo (o Santiago), el medio hermano de Jesús, que solo unas semanas antes era un escéptico. Pero la vida de Jacobo cambia radicalmente con la visita de Jesús tras la resurrección. Él se convierte ahora en un directo seguidor de Jesús como Mesías. Dedicará el resto de su vida al servicio de Cristo, llamándose a sí mismo no el medio hermano de Jesús, sino "siervo de Dios y del Señor Jesucristo" (Stg. 1:1).

Breve resumen

Jacobo es el hijo mayor de José y María. Es el medio hermano de Jesús, que nació de María. Tiene otros tres hermanos: José, Simón y Judas, y al menos dos hermanas, cuyos nombres nunca se mencionan. Durante toda la primera parte de su vida y hasta la resurrección de Jesús, Jacobo no cree que Él sea el Mesías. Cuando Jesús se les aparece a él y a los demás tras la resurrección (1 Co. 15:5, 7), Jacobo se hace creyente. Al ser ahora el hermano mayor, puede haber jugado un importante papel en la conversión de sus hermanos, porque él y ellos están con los apóstoles en el aposento alto tras la ascensión de Jesús.

Jacobo se convierte rápidamente en el líder de la iglesia de Jerusalén. Para cuando Pablo regresa tras haberse convertido y haber permanecido tres años en Damasco, Jacobo ya ha recibido el título de apóstol (Gá. 1:19) y es uno de los dos líderes que Pablo menciona que se reúnen con él en su breve visita a Jerusalén (el otro es Pedro). Tras varios periodos de persecución, durante los cuales muchos judíos conversos se dispersan, Jacobo escribe una carta para animar a estos convertidos. Varios años después, preside el concilio de Jerusalén (Hch. 15). Después, años más tarde, él y otros líderes reciben a Pablo al regreso de su tercer viaje misionero (Hch. 21:18). La tradición dice que Jacobo fue martirizado en el 62 d.C., justo después de la muerte del gobernador romano Festo, que se menciona en Hechos 24:27—26:32.

Visión general

▶ Jacobo, el escéptico: *Juan 7:1-5*

Jacobo y sus hermanos pasaron 30 años creciendo al lado de Jesús. Presenciaban diariamente su bondad. No tenían problemas con él como persona, sino con su afirmación de que era el Mesías, el Salvador de Israel. No están presentes en las bodas de Canaán con su madre cuando Jesús convierte el agua en vino. No están presentes durante los meses en los que parece que todo Israel responde a sus enseñanzas. Todo lo que ellos ven es la multitud que lo rodea y las afirmaciones que hace. Al final tratan de apartarlo de la multitud porque creen que tiene delirios de grandeza (Mr. 3:20-21). Después animan a Jesús a que vaya a Jerusalén a demostrar, haciendo milagros, que dice la verdad. Para ellos, que Jerusalén acepte a Jesús es un factor determinante para empezar a creer en Él.

▶ **Jacobo, el creyente:** *Hechos 1:14*

Los Evangelios muestran a Jacobo y a sus hermanos como personas escépticas y cínicas. ¿Qué los cambia? El apóstol Pablo dice que Jacobo recibe una visita especial del Cristo resucitado (1 Co. 15:7) antes de subir al cielo. Como Pablo, responde con gran vigor. La siguiente vez que se menciona a Jacobo, él, sus hermanos y su madre María son creyentes que están en el aposento alto, orando y esperando la venida del Espíritu de Cristo para que los capacite para el servicio.

▶ **Jacobo, el líder:** *Hechos 12; 15; 21*

En los siguientes años, va ganando aceptación como hombre sabio y piadoso. En el momento de la muerte del apóstol Jacobo, hermano de Juan, en Hechos 12:2, él ya es un líder reconocido de la iglesia. Pedro es llevado a prisión y se programa su ejecución justo después de la muerte de aquel apóstol. De forma espectacular, Pedro es liberado de prisión por un ángel. Antes de esconderse, Pedro reconoce la importancia del hermano de Jesús al pedir que se informe a él y a los demás, de su huida.

Cuando surge una controversia en la iglesia y se convoca el concilio, Jacobo lo preside como moderador. Él ofrece el tercer y último discurso en el concilio, apoyando a los apóstoles Pedro y Pablo, los cuales solicitan que no se obligue a los gentiles a asumir las leyes judías. El concilio acepta la sabiduría de Jacobo y acuerda no cargar sobre los creyentes gentiles el peso del legalismo judío (Hch. 15:6-21).

Pablo vuelve a reconocer el liderazgo de Jacobo cuando al regresar de su tercer viaje misionero dice que entró a verlo a él y a todos los ancianos (Hch. 21:18) y les contó lo que había hecho durante el viaje.

▶ **Jacobo, el autor:** *Epístola de Santiago*

Tras el martirio de Esteban (Hch. 8:1-3, alrededor del 31-34 d.C.), se inicia un periodo importante de persecución en Jerusalén. Saulo, un joven fariseo que más tarde se convertirá en el apóstol Pablo, juega un papel destacado yendo de casa en casa, arrastrando a creyentes a la cárcel. Un gran número de judíos cristianos se dispersan por todo el mundo romano. Después surge otro periodo de persecución cuando Herodes Agripa (Hch. 12, alrededor del 44 d.c.) manda matar al apóstol Jacobo. Una vez más los creyentes se dispersan. Como la mayoría de estos creyentes dispersos no tienen una iglesia local de apoyo, el hermano de Jesús les escribe como líder preocupado para animarlos a mantener, durante los tiempos difíciles, un estilo de vida acorde con su fe cristiana. La carta de Santiago está escrita alrededor de los años 45 a 49 d.c. y es considerada la primera de las epístolas del Nuevo Testamento.

Retrato

Eusebio, el gran líder cristiano del siglo II, describió a Jacobo como un hombre de gran excelencia moral. Se lo conocía también con el nombre de "el Justo" debido a su carácter virtuoso. La tradición lo describe como un hombre piadoso al que se denominaba "rodillas de camello", por las callosidades que había en sus rodillas al permanecer tanto tiempo arrodillado en oración.

La vida de Jacobo, en cierta manera, está envuelta en misterio, pero su carta nos ofrece una pequeña idea de su carácter. Para reforzar su credibilidad como autor y líder, Jacobo podía haberse descrito como el hermano de Jesús. Solo tres hombres sobre la faz de la tierra podían decir esto. O podía haber fanfarroneado que era líder de una iglesia de miles de miembros. Por el contrario, humildemente se llamaba a sí mismo esclavo de Dios y de Jesucristo. Aunque era uno de los principales líderes de la iglesia de Jerusalén, en su carta demuestra ser un humilde siervo del Señor; un siervo que desea que sus lectores sigan su camino de humildad y sean representantes adecuados del Señor.

Enseñanzas de Santiago para la vida

La salvación es posible para todos. Jacobo era un escéptico. Se pasó años alrededor de Jesús y seguía sin estar convencido. Solo tras una corta visita de Jesús resucitado empezó a creer. ¿Cuántas personas como Jacobo hay en su vida, en su familia, en el trabajo, en su vecindario? Todos pueden salvarse. Siga el consejo de Jacobo y muestre con sus buenas obras que su fe es real. Después ore para que el Espíritu de Jesús convenza a sus familiares, amigos y compañeros de trabajo no creyentes.

La humildad es la marca del auténtico líder espiritual. Jesús dijo: "...el que quiera hacerse grande entre vosotros será vuestro servidor" (Mt. 20:26). Jacobo no pidió ser líder por ser el medio hermano del Señor. Su vida nos recuerda que el liderazgo en la iglesia hay que ganárselo. Su compromiso con Jesús como siervo es lo que hace que su vida y ministerio gocen de credibilidad y respeto.

La fe cristiana es activa. Jacobo exhortó a sus lectores, entre los cuales se incluye usted hoy, a vivir su fe con actos. Su afirmación de ser cristiano carece de valor si en su vida no hay obras que validen sus palabras. Si usted tiene dudas de la validez de su fe, mire la epístola de Santiago y las pruebas con las que usted puede medir lo genuino de su fe.

Otros tres hombres del Nuevo Testamento llamados Jacobo

Jacobo: hijo de Zebedeo, hermano de Juan, uno de los 12 discípulos, uno de los tres más cercanos a Jesús, martirizado por Herodes en el 42 d.C.

Jacobo: hijo de Alfeo, también uno de los 12 discípulos, llamado "el menor", posiblemente por ser más joven que Jacobo, el hijo del Zebedeo.

Jacobo: padre de Judas, uno de los 12 apóstoles, no el Judas que traicionó a Jesús.

Judas

Contendiente por la fe

Judas, siervo de Jesucristo, y hermano de Jacobo...
JUDAS 1

Característica más notable: Discernimiento valiente
Hecho más destacado: Advertir a los creyentes de la apostasía que llegaba
Época: A mediados del siglo primero
Nombre: "Judá" en hebreo y "Judas" en griego
Texto principal: Judas

Contexto

A medida que la iglesia primitiva crecía y se desarrollaba, su situación histórica cambiaba. Hacia finales del siglo primero, el cristianismo se había extendido a todos los niveles de la sociedad y en cada esquina del Imperio romano. Los peligros que acechaban ahora a la Iglesia no eran de naturaleza externa, a pesar de que seguía habiendo una extensa persecución. La amenaza real procedía del interior mismo de la Iglesia debido a las falsas doctrinas y los pensamientos paganos que se empezaban a introducir en las iglesias. Al vislumbrar estas amenazas, al igual que otros líderes, Judas se sintió impulsado a enfrentarse a estos peligros en una breve carta de advertencia a las iglesias.

Breve resumen

Judas es el hijo pequeño de María y José y el hermano de Jacobo, el medio hermano de Jesús (Mt. 13:55). Él y su familia viven en la región norte de Palestina cerca del mar de Galilea. Ni Judas ni sus hermanos mayores creyeron que Jesús era el Mesías durante sus años de ministerio. Después de la resurrección de Jesús, Judas y sus hermanos empiezan a creer que Él es el Mesías. Ellos participan en las reuniones del aposento alto tras la ascensión del Señor. Judas se convierte en un portavoz radical del reino de Dios, y cuando escribe su carta, ya todos los apóstoles, excepto Juan, han sido martirizados. La Iglesia está sufriendo un ataque político y espiritual. Aunque el cristianismo se ha extendido por todo el Imperio, su pureza espiritual está en peligro. Judas llama a la Iglesia a luchar a favor de la verdad en una gran batalla espiritual. No se hace ninguna otra mención de Judas en las Escrituras, y hay muy pocos datos históricos sobre la fecha de su muerte.

Visión general

▶ **El propósito de Judas al escribir:** *Judas 1-4*

Judas se propone escribir un tratado sobre la salvación común de todos sus lectores, pero algo lo hace cambiar de tema. Los falsos maestros han invadido las iglesias, negando a Cristo y utilizando la gracia de Dios para justificar su comportamiento inmoral. Judas debe advertir a sus lectores de este peligro.

▶ **La advertencia de Judas:** *Judas 5-16*

Judas comienza dando una lección de historia bíblica sobre los que fueron juzgados por su comportamiento impío: los rebeldes israelitas que murieron en el desierto por su incredulidad; los ángeles caídos que cohabitaron con las mujeres antes del diluvio; y los hombres que exhibieron un comportamiento homosexual y fueron castigados en la destrucción de Sodoma y Gomorra.

Judas después ofrece una descripción de los falsos maestros. Están regidos por la carne, rechazan la autoridad, se mofan de los seres angélicos y de las cosas que no comprenden. Judas compara a los falsos maestros con tres hombres que se rebelaron espiritualmente en la Biblia: Caín (en Génesis) y Coré y Balaam (en Números), y dice que su maldad se puede comparar con nubes sin agua, árboles sin fruto, fieras ondas de mar y estrellas errantes.

► **La exhortación de Judas:** *Judas 17-23*

Después de describir el comportamiento de los falsos maestros, Judas recuerda a sus lectores que los apóstoles de Jesús habían advertido sobre huir de la verdad. Los exhorta a protegerse madurando en su comprensión de la fe, orando que el Espíritu Santo los guíe y esperando la Segunda Venida de Cristo. En la lucha a favor de la verdad de Dios, hay que mostrar compasión con aquellos que la merezcan y si es necesario arrebatar a otros del fuego del juicio, siempre temiendo nuestra propia contaminación.

► **La confirmación de Judas:** *Judas 24-25*

Judas regresa al tema de la salvación mencionado al principio de la carta, la cual termina con palabras para alentar a sus lectores. El poder de Cristo es capaz de preservar a sus seguidores del dominio del enemigo.

Retrato

Judas, al igual que su hermano Jacobo, se identifica humildemente en su carta como "siervo de Jesucristo". Para ayudar a sus lectores a identificarlo, también se describe a sí mismo como "hermano de Jacobo" (v. 1), que era conocido y respetado por toda la comunidad cristiana. Se sabe poco de Judas, excepto lo que podemos entrever en su carta. Escribió con la franqueza profética del Antiguo Testamento al defender a Dios. Judas pidió al pueblo del Señor que diera la espalda a las falsas enseñanzas y regresara de nuevo a las verdades de un Dios inmutable, que los conduciría a la victoria final.

Enseñanzas de Judas para la vida

Defender su fe no es una opción: Judas estaba preocupado porque sus lectores habían permitido que falsos maestros entraran en sus iglesias inadvertidamente. O, si se dieron cuenta, no se molestaron en hacer frente a sus errores. Judas exhortó a sus lectores a defender y contender ardientemente por la fe (v. 3). El mensaje de Judas es igualmente relevante hoy. No puede quedarse al margen mientras otros enseñan falsedades sobre el Señor a su pueblo. Decídase a entender mejor la Biblia para perseverar con más fuerza en la defensa de la verdad de Dios.

Conocer el valor de la Palabra de Dios. Judas advierte del peligro de darle la espalda a Cristo. Le recuerda que tiene que ser cuidadoso para no alejarse del fiel compromiso con Cristo. El remedio consiste en valorar la Palabra de Dios, que es la vida y la luz del creyente. Debemos desear la sabiduría que encontramos en la Biblia más que el oro. Si conoce y valora las verdades de la Biblia, no será tan susceptible a los falsos maestros y a sus mentiras sobre Dios, sobre sus normas para usted y sobre su responsabilidad de obedecerlo.

Mostrar compasión por los perdidos. Judas fue duro en su llamamiento a defender la fe y resistirse a los falsos maestros. Pero también exhortó a los lectores a mostrar compasión. Muchas personas son víctimas del enemigo. De Judas aprendemos que deberíamos utilizar el discernimiento cuando contemplamos tres tipos de personas: tenemos que ser compasivos con los que tienen dudas sinceras; con otros tenemos que actuar como si los estuviéramos sacando del fuego eterno; y por fin están aquellos con los que es necesario ser misericordioso, pero siendo precavidos para no contaminarnos con su pecado.

Otros hombres del Nuevo Testamento llamados Judas

Judas, el galileo: fomentó una rebelión contra Roma (Hch. 5:37).

Judas, hijo de Jacobo: fue uno de los 12 apóstoles (Hch. 1:13), también llamado Tadeo (Mr. 3:18) y Lebeo (Mt. 10:3).

Judas Iscariote: traicionó a Jesús por 30 monedas de plata (Mt. 26:14).

Judas de Damasco: abrió su casa a Pablo cuando este quedó temporalmente ciego de camino a esa ciudad (Hch. 9:11).

Judas Barsabás: un representante de la iglesia de Jerusalén, fue enviado con Pablo a Antioquía después del concilio de Jerusalén (Hch. 15:22).

Los primeros años de Jesús

El prometido

*Pero cuando vino el cumplimiento del tiempo, Dios
envió a su Hijo, nacido de mujer y nacido bajo la ley,
para que redimiese a los que estaban bajo la ley, a fin
de que recibiésemos la adopción de hijos.*

GÁLATAS 4:4-5

Característica más notable: El Dios-hombre
Hecho más destacado: Vino a la Tierra a redimir a los caídos
Época: Desde 6 o 5 a.c. hasta 26 d.c., desde su nacimiento hasta su
ministerio público
Nombre: *Jesús*, que significa "Yahvé es salvación"
Texto principal: Los cuatro Evangelios

Contexto

Desde el principio de la historia bíblica, Dios había prometido un
Salvador para los caídos (Gn. 3:15). Los descendientes de Abraham
eran la raza a través de la cual iba a venir este Salvador. Durante siglos,
los judíos devotos de todo el mundo habitado estudiaban la profecía del
Antiguo Testamento esperando entender cuándo y dónde surgiría este
Salvador, su Mesías.

Llegado el tiempo, una estrella aparece en el cielo. Los magos de
Oriente, Persia, reconocen en esta estrella brillante el cumplimiento
de la profecía: "...Saldrá ESTRELLA de Jacob, y se levantará cetro
de Israel..." (Nm. 24:17), e inician el largo viaje para encontrar al Rey
que había sido predicho. La aparición de la estrella y el nacimiento
del Hijo de Dios, el Señor Jesús, es la culminación de miles de años

de anticipación. Jesús es el cumplimiento de las promesas del pacto que se le hicieron a Israel y que dieron forma a la estructura del Antiguo Testamento. Desde este momento en adelante, la historia se desarrollará en torno a los breves años que Jesucristo estuvo sobre la Tierra.

Breve resumen

Es imposible tratar a Jesús como a cualquier otro hombre de la Biblia sin más. Él es único y especial. El Evangelio de Juan comienza presentando a Jesús como el "Verbo" que era con Dios y era Dios desde toda la eternidad. También dice que esta Persona única se hizo hombre, nuestro Señor Jesucristo, y vivió entre los hombres. Juan puede verificar esto porque lo presenció él mismo: "...vimos su gloria, gloria como del unigénito del Padre, lleno de gracia y de verdad..." (Jn. 1:14).

Los breves 33 años de vida y ministerio de Jesús componen casi la mitad de todo el Nuevo Testamento. Y se podría haber escrito mucho más, como afirma Juan al final de su Evangelio: "Y hay también otras muchas cosas que hizo Jesús, las cuales si se escribieran una por una, pienso que ni aun en el mundo cabrían los libros que se habrían de escribir..." (Jn. 21:25).

Visión general

▸ **Nacimiento e infancia de Jesús:** *Mateo 1:18—2:23; Lucas 2:1-39*

Han pasado 400 años desde la última vez que Dios se comunicó con el hombre. El silencio se rompe cuando el ángel Gabriel se dirige a un sacerdote llamado Zacarías con la noticia de que él y su esposa Elisabet van a tener un hijo, que será el heraldo del Mesías que va a llegar. La siguiente visita angélica es a una joven judía llamada María. Ella también va a tener un hijo, pero como todavía es virgen, la concepción se producirá por medios sobrenaturales: el Espíritu Santo vendrá sobre ella (Lc. 1:35).

Después que Dios le confirma la pureza de María en un sueño, José, que está prometido con la joven, la toma como esposa y no tiene relaciones maritales con ella hasta el nacimiento de su hijo. Mientras esperan ese nacimiento, viajan a Belén, la ciudad de la tribu de ambos, para empadronarse allí. En ese pueblo nace Jesús, el Rey, no en un palacio, sino en un establo.

Inmediatamente después del nacimiento de Jesús, llegan los pastores diciendo que han recibido la visita de seres angélicos que les anunciaron el nacimiento de este niño. Ocho días después, José y María presentan a Jesús, un primogénito, en el templo de Jerusalén, que está a pocos kilómetros de Belén. José y María se maravillan entonces con las predicciones del Espíritu Santo sobre el niño, las cuales escuchan a través de un hombre devoto llamado Simeón, corroboradas por una profetisa llamada Ana.

José y María viajan a Nazaret para tomar todo lo que puedan transportar y volver a Belén. Cuando llegan los sabios (los Magos), José, María y el niño están en una casa de Belén. Han pasado dos años desde el nacimiento de Jesús, sabemos esto porque cuando los sabios le dicen al rey Herodes por qué han venido, Herodes, pensando que Jesús es una amenaza, ordena que se mate a todos los niños menores de dos años en los alrededores de Belén. Debido al plan de Herodes para matar a Jesús, José recibe una advertencia de Dios de que huya a Egipto, donde esperará la familia hasta que muera Herodes, momento en el cual Dios les indica que vuelvan a Israel. Ellos tratan de regresar a Belén, pero temiendo al hijo de Herodes, Arquelao, vuelven a Nazaret.

▶ **La niñez de Jesús:** *Lucas 2:40-52*

Nada en las Escrituras indica que Jesús realizara milagros durante su infancia. De hecho, solo se menciona un suceso significativo de este periodo de la vida de Jesús. Cuando tenía 12 años, viajó con José y María a Jerusalén para la fiesta de la Pascua. Por error, al regresar, Jesús se quedó atrás. Ellos lo buscaron durante tres días. Al final lo encontraron en el templo con los doctores de la ley escuchando y haciendo preguntas. Este suceso revela tres cosas sobre Jesús a esta edad:

- Que le interesan mucho las Escrituras (2:46).
- Que es consciente de la relación significativa que tiene con el Padre celestial (2:49).
- Que regresa a Nazaret voluntariamente y se somete a la obediencia a sus padres (2:51).

Lucas concluye ofreciendo un informe de los progresos del crecimiento y desarrollo de Jesús hasta que comienza su ministerio público: "Y Jesús crecía en sabiduría y en estatura, y en gracia para con Dios y los hombres" (Lc. 2:52).

▶ Vida familiar y educación de Jesús

Tras el nacimiento de Jesús, María y José tienen cuatro hijos (Jacobo, José, Simón y Judas) y al menos dos hijas. La mayoría de los residentes de Nazaret son pobres, y sus casas, pequeñas. La familia de Jesús probablemente comería y dormiría en una habitación. No se menciona a José después de que comienza el ministerio público de Jesús, lo cual puede indicar que ya ha muerto. En este caso, Jesús, el hijo mayor, sería el responsable de su madre y de sus hermanos y hermanas.

Todos los muchachos judíos eran educados por sus padres y en la iglesia local, normalmente un lugar llamado sinagoga, desde los cinco años. Jesús, como los demás muchachos, asistiría a este lugar desde las diez de la mañana hasta las tres de la tarde, y se le enseñaría a memorizar las Escrituras. También aprendería el oficio de su padre: carpintero. Los doctores en Jerusalén probablemente no se sorprendieron por el conocimiento que Jesús tenía de las Escrituras, porque todos los muchachos de su edad las memorizaban. Sería su habilidad para interpretarlas y aplicar y relacionar un pasaje con otro lo que les asombraría cuando escuchaba y hacía preguntas a los maestros del templo.

▶ Ocupación de Jesús: carpintero

Lo ideal en el judaísmo es que todo hombre tenga un oficio en el que trabajar y que estudie las Escrituras. Jesús, como la mayoría de los muchachos judíos, se convirtió en el aprendiz de su padre adoptivo, José. Más tarde se lo denominaría como "el hijo del carpintero" (Mt. 13:55) y "el carpintero" (Mr. 6:3). Jesús se dedicaría a este oficio para sostener a su madre y sus hermanos hasta el comienzo de su ministerio formal.

Enseñanzas de Jesús para la vida

El momento elegido por Dios es perfecto. La llegada de Jesús a la Tierra fue planificada estratégicamente. Tanto los mensajes escritos como hablados de la resurrección del Mesías se entendían en todo el Imperio porque el griego era el idioma usado por la gran mayoría. Políticamente, el dominio romano permitía que los discípulos de Jesús viajaran de un lugar a otro con bastante seguridad. El momento elegido por Dios para hacer algo siempre es perfecto, incluso en la actualidad. Él tiene un plan para su vida, pero usted debe hacer lo posible para entenderlo. ¿Qué puede hacer? Lea su Palabra. Ore buscando sabiduría. Busque el consejo de asesores sabios. Dios tiene un plan, ¿está preparado para recibirlo y cumplirlo?

Jesús se sometió a la autoridad. Lucas ofrece una gran perspectiva de los primeros años de Jesús en su relato de lo que ocurrió en el templo. Jesús era un muchacho que asombró a los doctores, pero que también regresó voluntariamente a casa y "estaba sujeto" a sus padres (Lc. 2:51). Siga el ejemplo de Jesús y sométase felizmente a aquellos que tienen autoridad por encima de usted, ya sea en el trabajo, con los líderes de su iglesia o con sus amigos cristianos (Ef. 5:21). Honrará a Dios, y usted será bendecido.

La humildad es un elemento central de la fe cristiana. ¿Se puede imaginar al Dios del universo condescendiendo a venir a la Tierra y tomar forma humana para cumplir su plan de salvación del hombre pecador? Pablo dijo que Jesús: "...siendo en forma de Dios... se despojó a sí mismo, tomando forma de siervo, hecho semejante a los hombres" (Fil. 2:6-7). La humildad de corazón y mente son cruciales en un seguidor de Cristo. Debe ser humilde para poder tener una vida de servicio útil a su Señor, Jesucristo.

Profecía del Antiguo Testamento sobre Jesús (700 años antes de su nacimiento)

"Porque un niño nos es nacido, hijo nos es dado, y el principado sobre su hombro; y se llamará su nombre Admirable, Consejero, Dios Fuerte, Padre Eterno, Príncipe de Paz. Lo dilatado de su imperio y la paz no tendrán límite, sobre el trono de David y sobre su reino, disponiéndolo y confirmándolo en juicio y en justicia desde ahora y para siempre" (Is. 9:6-7).

Los últimos años de Jesús

El incomparable

El Hijo del Hombre vino a buscar y a salvar
lo que se había perdido.

Lucas 19:10

☙

Característica más notable: Un maestro con autoridad
Hecho más destacado: Murió por los pecadores
Época: Final del 26 d.c. hasta la Pascua del 30 d.c. (ministerio público de Jesús)
Texto principal: Los cuatro Evangelios

Contexto

En el judaísmo del siglo primero, el discipulado era el camino normal hacia el liderazgo. Los que deseaban ser maestros de la ley (rabinos) se unían a reconocidas autoridades religiosas. El periodo de entrenamiento podía durar años, pasados los cuales el estudiante sería como su maestro (Lc. 6:40). Siguiendo este patrón, cuando Jesús enseñaba y ministraba, eligió 12 hombres para que fueran sus discípulos.

A pesar de la sabiduría de sus enseñanzas y de los milagros de curación, a Jesús se lo critica repetidamente y es despreciado por la comunidad religiosa por no haber tenido un entrenamiento formal con un maestro reconocido. Sin embargo, las personas comunes y corrientes se dan cuenta rápidamente de que es un maestro dotado que posee gran autoridad y se reúnen en gran número para escuchar sus enseñanzas.

Breve resumen

Durante unos tres años, Jesús viaja de un lado a otro, principalmente por los pequeños territorios de Galilea, su área local, y Judea, el centro de la religión judía, curando y enseñando. Para alguien que ha tenido el mayor impacto que cualquier persona haya tenido nunca, Jesús viajó por una zona muy limitada. Galilea tiene 70 km de largo y 40 km de ancho, y Judea es incluso más pequeña.

¿Cómo causó Jesús tanto impacto en el mundo viviendo y enseñando en una zona tan pequeña? Sus discípulos son la razón de que esto ocurriese, con la capacitación que les otorgó el Espíritu Santo. Jesús tomó a un grupo de 12 hombres comunes y corrientes y en tres años los entrenó para convertirse en una fuerza que sacudió los fundamentos del mundo al llevar el mensaje de la resurrección de Jesús y su oferta de perdón de los pecados hasta los confines de la Tierra.

Visión general

▶ Bautismo de Jesús: *Mateo 3:13-17*

Al aceptar el bautismo de las manos de Juan el Bautista, Jesús está validando la obra de su heraldo y recibe la unción del Padre, como aprobación, para su propio ministerio (v. 17). Su bautismo es un acto de consagración de su ministerio redentor. Desde este momento en adelante, el poder del Espíritu Santo está sobre Él para que cumpla con su poderoso propósito. Además, al tomar parte voluntariamente en este rito, que por lo general celebran los pecadores, Él se identifica con los pecadores como el portador de sus pecados (v. 15).

▶ Tentación de Jesús: *Mateo 4:1-11*

El bautismo de Jesús se puede considerar el comienzo de su ministerio, y lo que sucede después ayuda a verificar sus credenciales como portador del pecado del hombre. Por el poder y la dirección del Espíritu, Jesús es llevado al desierto para ser puesto a prueba. Después de 40 días de ayuno, cuando es más vulnerable, el diablo intenta por tres veces persuadirlo de que actúe por sí mismo, sin depender de Dios. (Este conjunto de tres tentaciones es el mismo tipo de prueba que utilizó el diablo con Eva en el Huerto de Edén: apetito físico, ganancia personal y poder). Al rechazar al adversario en cada una de las ocasiones con las Escrituras, Jesús recibe la confirmación de su victoria.

> **Estrategia de Jesús:** *Mateo 10:1-26*

Después de su bautismo y tentación en el desierto de Judea, Jesús permanece por los alrededores predicando y enseñando. Durante estos días, ciertos galileos que han sido seguidores de Juan muestran interés en Jesús, pero nadie recibe un llamamiento para seguirlo hasta que Él se traslada a Galilea. Cuando Jesús oye hablar sobre el arresto de Juan el Bautista, se va al norte y pasa la mayor parte de su ministerio en Galilea y sus alrededores.

Puede parecer que el principal objetivo de Jesús es la evangelización, animar a las personas a responder a su Rey y a su reino. Este es un elemento clave de su ministerio, pero no es el objetivo principal. Su estrategia es entrenar discípulos que lleven su mensaje por todo el mundo. No le interesan las multitudes; le interesan unas cuantas personas; específicamente los 12 hombres que llama para que estén con Él durante el tiempo restante de su ministerio. Desde este momento en adelante, hasta su crucifixión, Jesús pasará cada vez más tiempo con estos hombres, preparándolos para que continúen su labor cuando Él regrese al cielo.

> **Crucifixión de Jesús:** *Juan 13—19*

Como la oposición de los líderes religiosos y el rechazo del pueblo van en aumento, Jesús emprende camino a Jerusalén para su última Pascua en la Tierra, y para enfrentarse a su muerte sacrificial y brutal en la cruz por el pecado del hombre. Jesús pasa sus últimas horas antes de ser traicionado en el aposento alto con sus discípulos, incluido Judas, el que lo traicionará. Después que este se va para traer a la muchedumbre, Jesús habla a los discípulos que quedan con gran compasión y amor, advirtiéndoles que el mundo los odiará. Los anima a transmitir un fiel testimonio sobre Él cuando el Espíritu Santo los capacite para ello.

En su última gran oración, Jesús ora por la protección de sus discípulos y por su unidad, que será lo que haga que el mundo reconozca el impacto que Él ha tenido sobre ellos (Jn. 17). Todos abandonan el aposento alto, y mientras están en el huerto de Getsemaní, Jesús es arrestado. Es juzgado tanto por las autoridades judías como romanas, con un veredicto ya decidido previamente. Todos los discípulos, menos uno, se dispersan dejando a tres mujeres (María la madre de Jesús, María, la tía de Jesús y María Magdalena). Juan, el discípulo al cual Jesús amaba, se queda a los pies de la cruz y permanece con Él hasta su muerte.

> **Resurrección de Jesús:** *Lucas 24:1-51*

Meses antes de morir, Jesús había predicho a sus discípulos no solo su muerte, sino también su resurrección tres días más tarde (Mr. 8:31). Sucedió tal como había dicho. Fue ejecutado el viernes, y el domingo llegó noticia a sus discípulos de que la tumba estaba vacía. Casi ni los discípulos podían creerlo, pero cuando el Salvador aparece y explica lo que ha sucedido, ellos están llenos de alegría (Lc. 24:44-47). Jesús se aparece a varias personas y grupos en los siguientes 40 días; después, en una aparición final, asciende en toda su gloria (v. 51).

Retrato

La historia ha confirmado los efectos de la vida y el ministerio del humilde carpintero de Galilea. Él es especial y único entre todos los hombres que han vivido. Es hombre y tiene todo lo que tiene un hombre, excepto el pecado, no obstante, su existencia es eterna. Sus acciones y emociones son humanas, sin embargo sus respuestas son divinas. Manifiesta el tipo de vida que Dios quiere que llevemos todos los hombres y las mujeres. La resurrección y la ascensión es la manera en que Dios reconoce la perfección de su vida y ministerio. Jesús decía ser el único hijo de Dios, igual al Padre, Creador del mundo, la culminación de la historia, el Amigo de los pecadores, Buscador de corazones, el Salvador y Juez de la humanidad. En algún momento del futuro, toda rodilla se doblará, y toda lengua confesará que Jesucristo es el Señor (Fil. 2:11).

Enseñanzas de Jesús para la vida

La grandeza procede del servicio a los demás. Jesús vino a la Tierra no para ser servido, sino para servir. Siguiendo su ejemplo, usted debería estar dispuesto a servir a los demás. Incluso en lo que se refiere al liderazgo, Jesús dijo que ser siervo es lo que nos cualifica para llegar a una posición de autoridad. La verdadera grandeza en el reino de Cristo se demuestra con el servicio y el sacrificio, no con la ambición o el amor por el poder. El camino hacia arriba está abajo.

No hay atajos para la madurez espiritual. Aunque Jesús era plenamente Dios, también era completamente humano y creció de la misma manera que el resto de los seres humanos. No tomó caminos alternativos para pasar de una etapa de la vida a otra. No se aisló de las presiones y tentaciones de la vida. La vida de Jesús le recuerda que tampoco existen atajos para usted. La madurez y el servicio traen consigo un precio que hay que pagar. El precio es la obediencia a Dios en cada etapa del camino. Pague el precio y obtendrá el beneficio de un ministerio fructífero.

Creer es ver. Jesús instruyó cuidadosamente a sus discípulos sobre cómo continuar su labor después de su muerte, no obstante al principio no creyeron las noticias de su resurrección. Tomás es conocido específicamente por su incredulidad. Necesitó una aparición física de Jesús para creer. No sea como Tomás exigiendo pruebas para creer. Los discípulos creyeron cuando lo vieron con sus propios ojos, y usted tiene la oportunidad de creer, con los ojos de la fe, todo lo que la Biblia dice sobre Jesús y su destino eterno. Crea, así podrá ver.

Declaraciones de que Jesús es Dios

Igualdad con Dios: "Dios era su propio Padre, haciéndose igual a Dios" (Jn. 5:18).

Deidad: "¿Eres tú el Cristo, el Hijo del Bendito? Y Jesús le dijo: Yo soy" (Mr. 14:61-62; ver también Jn. 9:35-37; 10:38).

El preexistente "Yo soy" (Jehová) del Antiguo Testamento: "Antes que Abraham fuese, yo soy" (Jn. 8:58). El preexistente miembro de la Divinidad: "Padre, glorifícame tú al lado tuyo, con aquella gloria que tuve contigo antes que el mundo fuese" (Jn. 17:5).

Uno con el Padre: "El que me ha visto a mí, ha visto al Padre" (Jn. 14:9).

Eterna presencia: "Yo estoy con vosotros todos los días, hasta el fin del mundo" (Mt. 28:20).

UN HOMBRE
CONFORME
AL CORAZÓN
DE DIOS

JIM GEORGE

Autor de *Un esposo conforme al corazón de Dios*

En este libro el autor da a conocer el designio perfecto de Dios sobre cómo llegar a ser un hombre que influya de manera eficaz en todos los aspectos clave de su vida. Obtenga la fuerza y sabiduría que resultan de buscar a Dios por medio de su realización como una persona conforme al corazón de Dios.

Un Esposo
conforme
al Corazón
de Dios

Doce aspectos importantes
en su matrimonio

JIM GEORGE

Autor de *Un hombre conforme al corazón de Dios*

Cuanto más cerca de Dios esté un esposo, más cerca estará de su esposa. Jim George trata acerca de doce áreas de la vida del esposo, proporcionando aplicaciones prácticas para que un esposo sea conforme al corazón de Dios. El esposo descubrirá cómo ganar el corazón de su esposa y cómo desarollar un hogar feliz mediante el liderazgo cristiano.

Un
papá
conforme
al corazón
de Dios

*Conviértete en
el padre que tus
hijos necesitan*

JIM GEORGE

Autor de Un hombre conforme al corazón de Dios

En *Un papá conforme al corazón de Dios*, el reconocido autor Jim George comparte los principios básicos de cómo ser un buen padre para tus hijos. Esto incluye:

- permitir que tus hijos sepan que los amas y los cuidas,
- aprender las claves para una comunicación positiva y eficaz,
- conocer las cualidades que los niños necesitan más de un padre,
- alentar a tus hijos en su crecimiento espiritual,
- construir relaciones saludables que perdurarán toda la vida.

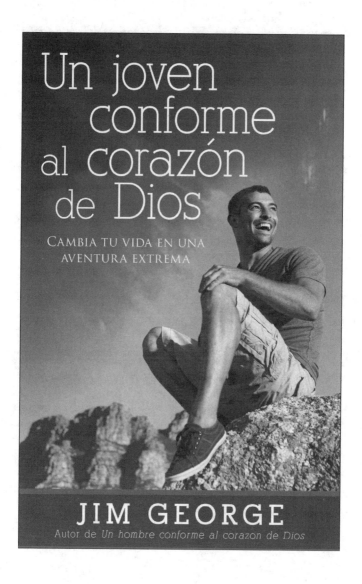

Un joven conforme al corazón de Dios

CAMBIA TU VIDA EN UNA
AVENTURA EXTREMA

JIM GEORGE

Autor de *Un hombre conforme al corazón de Dios*

Jim George, autor del conocido libro: *Un hombre conforme al corazón de Dios*, lleva a los jóvenes en un viaje radical de la fe. Ayuda a los jóvenes a convertirse en hombres que honran a Dios en todo lo que hacen. Una herramienta para la escuela dominical, grupos de estudio bíblico de jóvenes o para todo joven lector interesado en crecer en su vida espiritual.

Un
LÍDER
CONFORME
AL CORAZÓN
DE DIOS

15 *maneras de*
ejercer un liderazgo fuerte

JIM GEORGE

La Biblia está repleta de personajes increíbles, y Nehemías destaca de manera prominente entre ellos. ¿Por qué fue tan eficaz, tan influyente? La respuesta comienza con saber lo que Dios quiere de un líder. Del ejemplo de Nehemías, los lectores aprenderán 15 formas de liderar con propósito. Puesto que Dios es quien nos facilita todas las cosas, estas cualidades singulares están al alcance de todo creyente. Los lectores experimentarán una satisfacción real al tomar medidas para convertirse en un líder conforme al corazón de Dios.

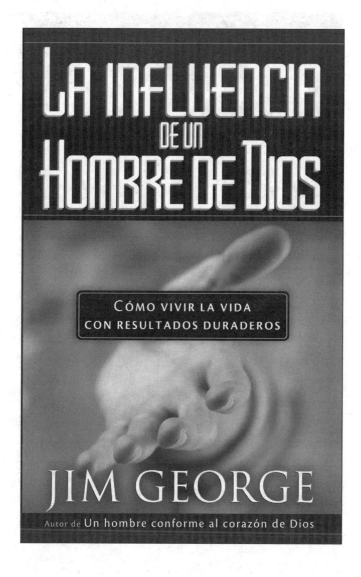

La influencia de un hombre de Dios

DE UN

Hombre de Dios

CÓMO VIVIR LA VIDA
CON RESULTADOS DURADEROS

JIM GEORGE

Autor de Un hombre conforme al corazón de Dios

La genuina influencia de un hombre comienza en su relación con Dios, la fuente de poder en la vida cristiana. En este libro, Jim George nos presenta los secretos para convertirse en un hombre de Dios que influye en otros.

- Desarolle las disciplinas para tener una vida diaria poderosa
- Descubra las claves para tratar con los retos de la vida y el cumplimiento de sus metas
- Defina las metas que darán a su vida dirección y propósito

Jim George, autor de varios grandes éxitos de librería, expone 50 enseñanzas clave que abordan los elementos más esenciales de la fe, incluyendo: la Biblia es el manual definitivo para la vida, Dios está aquí y no guarda silencio y el Espíritu Santo es el arma secreta de todo cristiano.

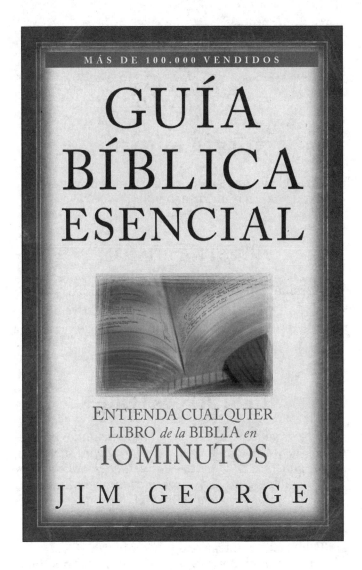

MÁS DE 100.000 VENDIDOS

GUÍA BÍBLICA ESENCIAL

ENTIENDA CUALQUIER
LIBRO *de la* BIBLIA *en*
1OMINUTOS

JIM GEORGE

La guía bíblica esencial es el recurso perfecto para una visión rápida y útil de cada libro de la Biblia. Aquí descubrirá…

• El tema principal y los puntos más destacados de cada libro
• Los hombres y mujeres clave de Dios y lo que puede aprender de ellos
• Los principales sucesos de la historia de la Biblia y su significado
• Aplicaciones simples y personales para el crecimiento espiritual y la vida diaria

Encontrará que esta es una guía clara, práctica y fascinante que merece la pena tener a mano cerca de su Biblia en todo momento. Excelente para todo aquel que quiera saber más sobre la Biblia y tener una mayor relación con la Palabra de Dios.

NUESTRA VISIÓN

Maximizar el efecto de recursos cristianos de calidad que transforman vidas.

NUESTRA MISIÓN

Desarrollar y distribuir productos de calidad —con integridad y excelencia—, desde una perspectiva bíblica y confiable, que animen a las personas a conocer y servir a Jesucristo.

NUESTROS VALORES

Nuestros valores se encuentran fundamentados en la Biblia, fuente de toda verdad para hoy y para siempre. Nosotros ponemos en práctica estas verdades bíblicas como fundamento para las decisiones, normas y productos de nuestra compañía.

Valoramos la excelencia y la calidad
Valoramos la integridad y la confianza
Valoramos el mérito y la dignidad de los individuos
y las relaciones
Valoramos el servicio
Valoramos la administración de los recursos

Para más información acerca de nuestra editorial y los productos que publicamos visite nuestra página en la red: www.portavoz.com